Rötenbach
Rötenbach
Dittishausen
Gauchach
Döggingen
Löffingen
Unadingen
Mundelfingen
Aubächle
Bachheim
Göschweiler
Reiselfingen
NSG
Wutach
Blumberg
Gündelwangen
Achdorf
Ewattingen
Boll
Lotenbachklamm
NSG
Münchingen
Bonndorf
Blumegg
NSG
Grimmelshofen
Weizen

Dieter Kohlhepp Die Wutachschlucht

»Wutach-Mäander«

(Luftaufnahme,
freigegeben durch das Reg.-Präsidium Freiburg,
Nr. P – 15228, am 4. 12. 1979)

Dieter Kohlhepp

Die Wutachschlucht

Bild einer Urlandschaft

Verlag Rombach Freiburg

Aufnahmen und Zeichnungen:
Dieter Kohlhepp

Umschlag
Vorderseite: Morgensonne in der herbstlichen Stallegger Schlucht
Rückseite: Der Eisvogel – ein Kleinod unserer heimischen Vogelwelt

*Dieses Buch soll ein kleiner Dank sein
an die engagierten Naturschützer, die es erreichten,
daß die Wutachschlucht nicht den finanziellen Interessen
einer egoistischen Industrie geopfert wurde
und wir uns noch heute an diesem herrlichen Fleckchen Erde
erfreuen können. Insbesondere seien genannt:
Dr. Asal, Dr. Fries, Fritz Hockenjos, Direktor Idler,
Rektor Schmitt, Hermann Schurhammer, Dr. Sumser,
Forstmeister Uehlinger.*

Gestaltung: Erich Gassenbauer
Reproduktionen: Repro Studio GmbH, Gundelfingen
Herstellung im Druckhaus
Rombach+Co GmbH, Freiburg i. Br.
Printed in Germany
ISBN 3-7930-0287-X

Inhalt

Geeignet, Fernweh zu wecken:
Blick auf die hier ca. 140 km
entfernte Alpenkette (Ringelspitz 3 247 m,
Piz Sardona 3 056 m und Piz Segnas 3 099 m;
St. Galler und Glarner Alpen)
Standort Roßhag oberhalb Göschweiler

Die Wutachschlucht – Erleben und Verstehen

Von meiner ersten Begegnung mit der Wutachschlucht weiß ich nur noch, daß ich fasziniert war von jenem Bäumchen, das genau durch das Loch eines Mühlsteins der ehemaligen Moggerenmühle hindurchgewachsen war. Damals habe ich mich gefragt, wer wohl stärker sein würde, das Bäumchen oder der Stein? Zwei Jahrzehnte sollten vergehen, bis ich wieder an dieselbe Stelle kam und sah, daß der Stein gesiegt hatte und das Bäumchen abgestorben war.
Zwischendurch hatte ich mir noch einmal die Lotenbachklamm und den Rümmelesteg mit der schönen Felsspiegelung im Wasser angeschaut. Doch für eine längere Zeit war die Schlucht für mich in Vergessenheit geraten, bis man mir eines Tages anläßlich eines Vortrags in Bonndorf sagte, wie schön es dort oben sei – die prächtige Alpensicht (Abb. S. 6) und vor allen Dingen die Wutachschlucht! So beschloß ich spontan, sie zu besuchen.
Es war mitten im Winter, aber der Tag war nur mäßig kalt, mit stahlblauem Himmel und tiefem Pulverschnee. Mein Ziel war die Schattenmühle. Ich wollte ein kleines Stück flußabwärts wandern. Da der Pfad anfangs recht vereist war, benutzte ich zunächst einen Forstweg. Der ungespurte Pulverschnee war gut 30 cm tief, deshalb hatte ich dicke Socken und Gummistiefel angezogen. Ein mühsames Laufen, aber unwahrscheinlich schön! Keine Menschenseele weit und breit! Am Ende der Glockenwiese (Abb. S. 9) – dort, wo sommers eine sehr feuchte Stelle ist – fand ich riesige Schneekristalle auf kleinen Schnee- und Eisbuckeln, an Halmen und verdorrten Fruchtständen. Während ich noch fotografierte, hörte ich vom Fluß her ein zartes, helles Singen und Schmätzen. Da wollte ich gerne wissen, wer im tiefsten Winter ein solch fröhlicher Sänger ist. Mitten im Fluß, auf einem Stein, saß eine Wasseramsel mit ihrem großen, weißen Brustlatz. Ihre Strophen klangen so abwechslungsreich, daß ich mich an die Nachtigall erinnert fühlte. Plötzlich richtete sich das Tierchen steil auf, sang intensiver und lauter. Eine zweite Wasseramsel, wohl das Weibchen, setzte sich auf den Nachbarstein und knickste ein paar Mal. Das Männchen spreizte die Flügel, und schon begann die wilde Jagd pfeilschnell über das Wasser, bis sie beide hinter einer Biegung verschwanden. Ich habe sie noch oft beobachtet, die Wasseramseln, im Winter wie im Sommer, bei der Balz, beim Brutgeschäft und bei ihrer Futtersuche unter Wasser. Doch im Winter erfreuen sie mich am meisten, wenn sich ihr melodisches Geschmätz so anhört, als gäbe es die Kälte überhaupt nicht. – Ich bemerkte, daß am jenseitigen Wutachufer schöne Eiskristalle waren. Wie gut, daß ich Gummistiefel anhatte und durch das Wasser waten konnte. Würde ganz schön kalt sein! – Irrtum! Das Wasser war natürlich wärmer als der Schnee, und das spürte ich auch deutlich. Die Eiskristalle saßen auf einer festen Eisschicht, drunter gurgelte die Wutach. Die Kristalle waren sehr eigenartig: längliche Nadeln, ganz irregulär angeordnet – ich weiß nicht, wie so etwas zustande kommt (Abb. S. 10).

Auf dem Rückweg bekam ich noch ab und zu eine Ladung Pulverschnee auf den Kopf, die sich von den Eschen-, Weiden- und Fichtenästen in der Sonne löste. Und dann war ich redlich müde durch das Schneestapfen. Eines war allerdings passiert: Die Wutach hatte mich in ihren Bann gezogen! Diesem Besuch folgten noch sehr viele, und ich kam eigentlich nie enttäuscht zurück von meinen Wanderungen, im Gegenteil: Meistens gab es irgend etwas Neues zu sehen, seien es einmal Kreuzschnäbel, das andere Mal Gemsen oder frische Erdrutsche.

Häufig bin ich auf verschwiegenen Forstwegen gewandert, mal oben, mal weiter unten, und da kommt es hie und da schon vor, daß man Rotwild zu Gesicht bekommt (das soll gelegentlich aus dem Schluchseerevier herüberwechseln) oder ein Füchslein bei der Mäusejagd. Es sieht übrigens recht lustig aus, wenn der »Rotrock« seine Sprünge macht.

Aber eigentlich kann ich das Abseitswandern gar nicht zur Nachahmung empfehlen, denn es ist auf diesen Wegen manchmal recht glatt und rutschig und damit gefährlich; man weiß nicht immer, wo man herauskommt; mehr Menschen und größere Gruppen würden die Tiere dort erheblich stören, und es ärgert einen, gerade dort durch den Lärm und das Gejohle von manchen großen Gruppen daran erinnert zu werden, daß der moderne Tourismus auch erhebliche Probleme mit sich bringt.

Es gibt viele Argumente für die Förderung des Wandertourismus: mal wieder an die frische Luft, sich bewegen, etwas für die Gesundheit tun, dem Alltagsstreß entrinnen, unter Gleichgesinnten sein und mitmenschliche Kontakte pflegen, die Abhängigkeit vom Auto reduzieren, einen genügsameren Lebensstil praktizieren... Daher wurde in den letzten Jahren viel für das Wandern geworben, und die Teilnehmerzahlen bei Wanderveranstaltungen stiegen beträchtlich – bei Volkswanderungen, Vereinsausflügen, Wandertagen und -wochen. Entsprechend vergrößerten sich natürlich auch die damit verbundenen Probleme, vor allem in den Naturschutzgebieten: Beunruhigung bzw. Zerstörung der Fauna, schwer oder gar nicht verrottender Abfall in der Natur, Mißachtung der Naturschutzgesetze und -verordnungen (siehe S. 128).

Der Grund für die Häufung der Probleme (wie sie z. B. jüngst im Naturschutzgebiet »Taubergießen« auftraten) liegt aber letzten Endes tiefer: Wir haben in der Bundesrepublik Deutschland eine sehr hohe, eigentlich zu hohe Besiedlungsdichte, und wir sind in der Vergangenheit nicht gerade zimperlich mit unserer Natur umgegangen (täglicher Landschaftsverbrauch in Baden-Württemberg ca. 15 ha). Urwälder und Urlandschaften gibt es überhaupt nicht mehr. Der Mensch ist allgegenwärtig, und die wenigen Naturschutzgebiete, die eingerichtet wurden, sind dementsprechend für viele Menschen besonders attraktiv. Sie glauben, dort wäre die Welt noch in Ordnung und Tiere und Pflanzen würden ungestört gedeihen. In Wirklichkeit sind die Gebiete aber viel zu klein und die flankierenden

Pulverschnee
liegt auf der Glockenwiese;
meine Spur ist
die einzige
weit und breit

Maßnahmen viel zu gering. Viele Tiere beispielsweise brauchen ein größeres Territorium, um keine Nahrungsprobleme zu bekommen, vor allem um nicht als (vermeintlicher) »Nahrungskonkurrent« des Menschen verfolgt zu werden. Wäre im Naturschutzgebiet Wutachschlucht etwa Platz für Wölfe, Luchse, Uhus, Adler?... 590 ha Naturschutzgebiet, das klingt sehr gut! Wirklich von Forstwirtschaft und Tourismus freie Gebiete gibt es aber so gut wie nicht. Außerdem kann man Tieren nicht sagen, daß mit der Grenze des Naturschutzgebietes ihr Lebensraum aufhört. Die von der Landwirtschaft genutzte Fläche – nicht nur beiderseits der Wutach – wird von Jahr zu Jahr mehr »von der Natur bereinigt« (flurbereinigt) und einem »menschlich-geordneten« Zustand zugeführt...

Man sollte glauben, daß es ein unverdrängbares Anliegen aller Menschen sein müßte, schützenswerte Gebiete und Landschaften, vor allem (ungedüngte) Trockenwiesen und Feuchtgebiete, Bach- und Flußläufe, Auen und Feldgehölze zu erhalten. Dennoch sind diese immer wieder gefährdet durch Maßnahmen, die vielleicht einen zivilisatorischen, aber sicher keinen kulturellen Fortschritt bringen. Unlängst hatten wir den Kampf

um die letzten Hohlwege am Kaiserstuhl (Bickensohl) im Zusammenhang mit den gewaltigen Rebumlegungen, um den »Taubergießen« (der – obwohl inzwischen Naturschutzgebiet – noch längst nicht »über den Berg« ist) und gegen eine zerstörerische »Schwarzwaldautobahn«. In den 50er Jahren war es der Kampf um die Erhaltung der Wutachschlucht, obwohl sie seit 1939 Naturschutzgebiet war. Die Wutachschlucht sollte damals der Energiewirtschaft geopfert werden (siehe auch S. 109 f.). Schon 1925 hatte Hermann Schurhammer vorgeschlagen, die Wutach nebst Gauchach in ihren wichtigsten Teilen unter Naturschutz zu stellen, und 1928 debattierte der Badische Landtag über die Gesamtplanung zur Ausnutzung der Wasserkräfte des südlichen Schwarzwaldes und stellte dabei ausdrücklich fest, daß die Heranziehung der Wutach zu diesen Projekten nicht in Frage käme. Daher wurde einstimmig beschlossen, eben die Wutachschlucht »als Ersatz für die durch den Bau des Schluchseewerks zerstörten landschaftlichen Schönheiten des südlichen Schwarzwaldes« unter Schutz zu stellen. Eigentlich hätte man nicht von Ersatz reden sollen, eher von einem politischen Trostpflaster. Denn echter Ersatz hätte bedeutet, Kulturlandschaft in den Naturzustand zurückzuführen. Nach mühevollen Verhandlungen (vor allem mit der sich querlegenden staatlichen Forstverwaltung, d. h. der Ministerialforstabteilung) und Vorarbeiten Hermann Schurhammers konnten die Schutzbestimmungen 1936 vorläufig und 1939 endgültig in Kraft gesetzt werden.

Doch erneut war Schurhammers Engagement nötig, denn ab 1941 wollte die Schluchseewerk AG das Wasser von Wutach, Haslach und Rötenbach dem bestehenden Kraftwerksystem zuleiten, und das hätte das Ende der typischen Wutachschluchtlandschaft mit ihrer einzigartigen Vegetation bedeutet. 1951 wurde Fritz Hockenjos für den Kampf um die Wutachschlucht gewonnen. Unterschriftensammlungen, öffentliche Diskussionen, Denkschriften und Merkblätter, wissenschaftliche Stellungnahmen, Anfragen im Landtag, Beschwerden, Vorträge und Kundgebungen, Gründungen von Arbeitsgemeinschaften sowie unzählige Gespräche und Briefe erreichten schließlich 1960, daß das Projekt zurückgestellt wurde, und es ist kaum anzunehmen, daß es jemals wieder aufgenommen wird.

So erstaunlich es ist, wie das Engagement und der Idealismus einzelner Persönlichkeiten doch immer wieder eine große Zahl von Menschen mitreißen und den Erfolg bringen können, so traurig ist es wiederum, mit wieviel Schwierigkeiten die Umwelt- und Heimatschützer kämpfen müssen, gegen wie viele Vorurteile sie anzugehen haben und auf wie wenig soziale Kooperationsbereitschaft sie stoßen. Es ist ja letzten Endes auch eine Frage des Sozialverhaltens, der sozialen Einstellung gegenüber den Mitmenschen, inwieweit Landwirte, Forstleute, Straßenplaner, Industriemanager und Politiker die Anliegen des Umweltschutzes berücksichtigen. Eine intakte Natur bringt für breite Bevölkerungskreise ein Mehr an »Lebensqualität«, ganz zu schweigen von ihrer Bedeutung für die physische und psychische Gesundheit aller. Ich riskiere auch die Behauptung, daß eine starke Bindung an die Natur nicht nur zu größerer Achtung und Ehrfurcht vor dem Leben führt, sondern auch zu mehr Humanität. So gewinnt das »Umweltverhalten« einen moralischen und ethischen Aspekt.

Ist eine Landschaft reich an verschiedenen Biotopen (Lebensräumen) und beherbergt sie entsprechend viele Arten von Tieren und Pflanzen, so sind auch für den Wanderer, Naturfreund und Freizeitsportler weniger Einschränkungen und Reglementierungen erforderlich.

Um das Ausmaß der Gefährdung unserer Umwelt (kurz- und langfristig) richtig einschätzen zu können, fehlt es uns häufig an objektiver Information. Sei es, daß es diese Unterrichtung noch gar nicht gibt, sei es, daß

Winterliche Wutach;
umgestürzte Bäume liegen
im Flußbett,
Eis säumt die Ufer
der Wutach

die objektiven Daten entweder manipuliert oder bewußt zurückgehalten werden, sei es, daß absichtlich anstelle von Informierung Emotionalisierung und Anschürung von Aggressivität betrieben werden. (Ein Musterbeispiel ist für mich übrigens der Streit um die Kernenergie.) – Um gegebene Information richtig verwerten zu können, bedarf es eines beträchtlichen Scharfsinnes und eines enormen Durchsetzungsvermögens. Doch es ist verständlich, daß nur wenige Persönlichkeiten des öffentlichen Lebens in der Lage sind, die Energie und vor allem die notwendige Zivilcourage aufzubringen, um in der gegenwärtigen Umweltpolitik entscheidende Änderungen herbeizuführen.

Die Ansprüche des Umweltschutzes an den »Normalbürger« müssen notgedrungen bescheidener sein. Neben den bekannten und berechtigten Forderungen (siehe S. 112 f.) wäre es heutzutage schon ein Gewinn, die Sinnesorgane wieder etwas zu schärfen und empfindlicher zu machen. Freilich muß dahinter auch eine Person stehen, die bereit ist, das Wahrgenommene gefühls- und verstandesmäßig zu verarbeiten. Es ist ja oft genug beschrieben worden, wie »Reizflut« und »Streßsituationen« uns unempfindlich machen.

Wandert man mit wachen Sinnen durch die Wutachschlucht, so kommen drei Sinnesorgane ganz besonders »auf ihre Kosten«: Auge, Ohr und Nase. Das Auge sollte eigentlich aus dem Staunen gar nicht mehr herauskommen, was es da alles zu beobachten gibt: die Artenvielfalt der Lebewesen (besonders auffällig innerhalb der Flora), die mannigfaltigen Lebensgemeinschaften, die eigentümliche Besiedlung von Lebensräumen, die unzähligen Farbschattierungen, das stetige Spiel von Licht und Schatten, die Ausgeglichenheit und Harmonie der Eindrücke trotz aller Vielfalt und Gegensätzlichkeiten (Abb. S. 13). Das Gehör wird sich neben den durch Wind und Wasser verursachten Naturgeräuschen vor allem am Gesang der Vögel erfreuen: an dem Wasseramselgesang mitten im Winter, dem lustigen Treiben der Meisen im Frühjahr, den weithin hallenden Trommelzeichen der Spechte, den Rufen von Kuckuck und Pirol und dem melodischen Gesang von Zaunkönig, Laubsänger und Schwalbe. Ganz besonders empfehlen möchte ich, sich die Wutachschlucht einmal »mit der Nase« zu erwandern: Der Moderduft im Herbst ist kaum zu beschreiben; obwohl er an Vergänglichkeit erinnert, wirkt er doch unwahrscheinlich angenehm auf den Wanderer ein. An heißen Sommertagen kann man in regelrechte Schwaden von Harzgeruch geraten, der sehr würzig und anregend ist. Geradezu eine Wohltat für unser durch Chemie und Autoabgase geplagtes Geruchsorgan ist der Duft vieler Blüten – von lieblich-süßlich bis exotisch-zimtartig reicht da die Skala. Man rieche nur einmal an den Blüten von Seidelbast, Veilchen, Maiglöckchen, Mondviole, Pfingstnelke oder Haselwurz! Zugegeben: Durch den Duft von Traubenkirsche, Aronstab oder Bärlauch – letzterer mit seinem gesunden Knoblauchgeruch – wird man weniger verwöhnt…

Vier-Jahreszeiten-Tableau mit dem »Amselfelsen«

Winter in der Wutachschlucht

Als ich einmal in meinem Wutachnotizbuch blätterte, stellte ich fest, daß ich die Karsthöhlen bisher nur im Winter besucht hatte. War es der »Nervenkitzel«, die Aussicht, bei einem unvorsichtigen Schritt auf glattem Untergrund eine unfreiwillige Sturzfahrt zu machen? Nein, nein! Per Zufall entdeckte ich einmal, wie wunderschön die »Eisstalagmiten« (Abb. S. 22) und die Eiskaskaden im Höhlenbereich sind, die im späten Nachmittagslicht transparent erscheinen. Mit etwas Phantasie kann man in den Eisgebilden Gesichter und Figuren erkennen, wie sie von Tropfsteinhöhlen her bekannt sind. Ein andermal bemerkte ich beim Hinauskriechen aus einer Höhle, daß ich zuvor um ein Haar hauchzarte Gebilde aus seidenen Fäden zerstört hätte. In den Spinnennetzen glänzten Hunderte von Wassertröpfchen wie Goldperlen (Abb. S. 20). Die Netze sahen aus wie Miniaturausgaben der berühmten Zeltdachkonstruktion des Münchner Olympiastadions. In den vielen Nischen des Felsgesteins fand ich außerdem auch noch eine Menge kleiner, ovaler Kokons, die mit einem einzigen dünnen Faden an der Decke hingen – Überwinterungsdomizil von Schmetterlingslarven? Sehr vorsichtig verließ ich die Höhle wieder, damit die Pracht erhalten bliebe. Nicht ganz so prächtig sahen draußen meine Kleider aus: völlig lehmverschmiert. Ich schnallte meine Langlaufskier an. Zunächst ging es einen Forstweg entlang bis hinaus in die

Links:
Meterhoher Schnee
bedeckt die Felsblöcke
der Stallegger Wutach

Rechts:
So warm
schien die Januarsonne,
daß das eisige Wasser
anfing zu dampfen

freie Schneelandschaft, und dann reizte es mich, noch eine kurze Abfahrt zu machen. Also hoch auf die kleine Anhöhe des Lotterbergs und dann Schuß!...

Im vorhergehenden Kapitel habe ich davon erzählt, wie man in der Wutachschlucht die Funktionstüchtigkeit seiner Sinne trainieren kann; nun will ich berichten, wie man sich auch in Geduld und Selbstbeherrschung üben kann!

An einem sonnigen Februartag fuhr ich hinauf zur Wutach, packte Kamera, Teleobjektiv und Stativ in den Rucksack und wanderte an den Fuß einer fast senkrechten Felswand. Dort hatte ich schon mehrmals Gemsen beobachtet, einmal sogar ein Rudel mit fünf Tieren. Sie waren damals ganz ruhig über eine steile Geröllhalde in den Wald abgezogen, obwohl ich völlig ungedeckt dagestanden hatte. Nun hoffte ich also, daß sie wiederkommen würden. Und während ich so wartete, mußte ich unwillkürlich an meine erste Begegnung mit

Links:
Eismoos

Rechts:
Auch am Räuberschlößle ist es still geworden

Links:
Zauberhaftes
Schattenmühlbächle

Rechts:
Beinahe könnte man glauben,
es handle sich
um eine heiße Quelle:
»Isländische Impression«

Gemsen in den Bergen denken: Damals war ich allein hinaufgestiegen. Kurz unterhalb der Waldgrenze hörte ich plötzlich ein sonderbares, lautes »Schnaufen-Pfeifen«. Nach einer Weile konnte ich im dichten Unterholz, kaum 20 Meter entfernt, den Verursacher ausmachen – eine Gemse. Sie verdrückte sich lautlos, und ich stieg weiter hoch. Keine fünf Minuten später hörte ich erneut solch ein Geräusch. Ich dachte natürlich sofort wieder an die Gemse. Großer Irrtum! Das Zischen kam aus zirka einem Meter Entfernung vom Boden – es stammte von einer Kreuzotter!

Die Zeit in der Wutachschlucht verstrich. Wohl konnte ich oben an der Kante den eleganten Flug eines Sperbers beobachten, aber von Gemsen keine Spur! Die Kälte vom Boden kroch mir langsam in die Beine. So stieg ich mühsam die steile Halde wieder hoch, mußte dabei aber sehr aufpassen, nicht abzurutschen. Oben wanderte ich eine Weile im Tiefschnee weiter und beschloß, einer Karsthöhle einen Besuch abzustatten. Zu meiner Freude fand ich darin eine Fledermaus, ein »Großes Mausohr« (s. Abb. S. 96). Diese nützlichen und interessanten Kleinsäuger werden ja leider immer seltener. Ich verhielt mich also sehr vorsichtig, um sie nicht im Winterschlaf zu stören.
Es ist immer wieder ein sehr merkwürdiges Gefühl, allein in so einer Höhle zu stecken. Die unwillkürliche Beklemmung verstärkt sich, wenn man für einen Moment das Licht löscht und kein noch so schwacher Schimmer von Tageslicht die Richtung des Ausgangs erkennen läßt… Ich bin noch in einen Seitengang hineingekrochen. Dort fand ich schöne Kolken (ausgewaschene Stellen im Kalkfels). An ihren Wänden findet man »kulturhistorisch« interessante Graffiti (einer aus dem Jahr 1963, ein anderer vom 17. 7. 1973). Nach einer kurzen Kriecherei gelangte ich wieder ans Tageslicht. Und was mußte ich da im Schnee entdecken: eine ganz frische Gemsenspur! Sie war wohl keine zehn Minuten alt. Dafür hatte ich unten fast zwei Stunden gewartet. Ich folgte der Spur ein Stück, aber statt doch noch auf eine Gemse zu stoßen, verscheuchte ich nur einen Schwarzspecht von seinem morschen Baumstumpf. Da machte ich mich auf den Heimweg…

Links:
Fast ein Kegelspiel

»Verletzliche Kunstwerke« der Natur

Baumpilze im dunklen Schluchtwald

Silbrig hell leuchten
in der Wintersonne die Fruchtstände
der Mondviole, auch
»Silberblatt« oder
»Judaspfennig« genannt

Rechts:
Ein recht frischer Felssturz
verblockt im Winter 1980/81
tief unter dem
»großen Kanzelfelsen« die Wutach

Eisstalagmiten
säumen den Eingang einer Karsthöhle,
die letzten Sonnenstrahlen
des späten Nachmittags
lassen sie ganz transparent erscheinen

*Kurz vor Sonnenuntergang
auf der winterlichen Hochfläche
bei Reiselfingen*

Die Gutach wird zur Wutach

Ehe die vom Feldberg kommende Gutach mit den vereinten Kräften von Haslach und Rötenbach nahe der Stallegg zur Wutach (Abb. S. 33) wird, durcheilt sie eine Mittelgebirgslandschaft, deren Kuppen und Höhenzüge von weiten, dunklen Nadelwäldern bewachsen sind. Diese Wälder zwischen Feldberg und Rohrhardsberg bilden einige der größten zusammenhängenden Waldgebiete des Hochschwarzwalds. So bieten sie eine einmalige Chance, daß eine sehr seltene, interessante Wildart vor dem Aussterben bewahrt bleibt. Von diesen scheuen, heimlichen Tieren will ich berichten.

Es versprach kalt zu werden. Um drei Uhr waren wir – der Förster, sein Schwiegersohn und ich – das »Hahnenwegle« hinaufgepirscht zum Versteck, Schritt für Schritt, den Kopf gesenkt. Es war Vollmond, nicht gerade günstig für unser Unternehmen. Hinter dem dichten Schirm aus Nadelzweigen wurde es kälter und kälter. Der »Flachmann« mit einem Obstler machte schon die dritte Runde. Da, 4.45 Uhr, ein erstes Knappen und kurz darauf ein zweites: Auerhahnbalz! Und dann ist auch schon das typische »Schleifen« und Flügelschlagen zu hören. Doch die Kälte: minus vier Grad! Mein Nachbar zieht merkwürdig tief pfeifend die Luft ein, und dann einmal, zweimal ein unwiderstehliches »Hatschi«! Mein Hustenbonbon kommt zu spät. Aus mit der Balz! Später bei Tageslicht sehen wir weit weg noch einen balzenden

»Feldsee-Morgen«

Rechts: Der Wasserfall vom »Grüble« zum Feldsee

Hahn, an Fotografieren ist nicht mehr zu denken.
Ein paar Tage später unternehme ich allein einen neuen Versuch. Tief in der Nacht arbeite ich mich mit schwerem Gepäck einen steilen Saumpfad hoch, erreiche vor dem ersten Hahnenlaut ein Versteck und harre der Dinge. Pünktlich 4.45 Uhr wieder die ersten Knapplaute! Mehrere Antworten folgen – vier Hähne müssen es insgesamt sein. Um 6 Uhr sind sie schon alle auf der Erde zur Bodenbalz. Doch leider sind sie gut 50 bis 80 Meter weit weg. Glutrot geht die Sonne am Horizont auf und leuchtet allmählich wärmespendend – auch heute ist wieder Reif an den Zweigen. Vielleicht 14 Tage mag die Balz noch dauern, denn es heißt: »Laub raus, Balz aus.« Plötzlich ein »schauerlicher« Lärm; ein starker Rehbock »bellt« lauthals, irgend etwas muß ihn irritiert haben. Langsam zieht er durch das Auerhahnrevier. Die Hähne bleiben eine Weile ruhig. Doch dann fallen zwei Hennen ein, später eine dritte. Jetzt flammt die Balz erst so richtig heftig auf. Jeder Hahn versucht, ein bestimmtes kleines Territorium am traditionellen Balzplatz zu behaupten. Kommt der Nachbarhahn näher, wird die Balz intensiver. Drei verschiedene Laute sind zu hören: Zuerst klingt es wie das Brechen von Ästen, dann wie das Entkorken einer Flasche und schließlich wie das Schleifen oder Wetzen einer Sichel an einem Wetzstein. Sind Hennen in der Nähe, überschlägt sich oft die Stimme der Hähne, das hört sich wie ein heiseres Krächzen an. Die Lautäußerungen werden un-

Oben:
Nebel liegt im Wutachtal zwischen Hörnle und Hochfirst

Rechts:
»Kuckuck« ruft's aus dem Wald

Gern besucht von Hummeln: Gelber Fingerhut

terstützt von ritualisierten »Tanzbewegungen«. Dazu gehören vor allem langsames Umherstolzieren, steiles Aufstellen der Schwanzfedern zum Radschlag, Spreizen der Flügel, Sträuben der Halsfedern und des »Bärtchens« sowie eine steile Reckbewegung von Hals und Kopf. Dieser wird beim Schleifen manchmal schnell geschüttelt. Das Ganze ist ein typisches Imponierverhalten (Abb. S. 29). Beim Schleifen fällt übrigens die Nickhaut über das Auge, der Hahn sieht für einen Moment nichts. Zeichen stärkster Erregung ist es, wenn die Hähne anstelle des Schleifens in die Luft flattern, kleine Luftsprünge am Platz machen. Die Lautäußerungen und Bewegungen werden ergänzt durch schöne Farbmuster: die roten »Rosen« über den Augen, das dunkle, anthrazitgraue Gefieder, das im schrägen Sonnenlicht wunderschön grünlich glänzen kann, die kastanienbraunen Flügel mit den zwei kleinen weißen »Spiegeln«, die exakt zum Muster der weißen Tupfen auf dem Stoß beim Radschlagen passen. Das Ganze erinnert merkwürdig an Ritterturniere des Mittelalters. Kommen sich zwei Hähne zu nahe, kann ein Kampf entbrennen. Aufeinander zutrippeln, drohen mit heftigen Lautäußerungen, Kopf und Hals senken, Reckhaltung fast waagrecht nach vorn gegeneinander; picken, hacken und Versuche, sich an der Schnabelwurzel zu fassen; hochspringen und mit den Flügeln gegeneinander schlagen – das klatscht recht laut und ist sogar weiter zu hören als die eigentlichen Balzlaute. Diese sind eher leise und heimlich, je nach Witterung vielleicht maximal 100 bis 200 Meter weit zu hören. Dem stärkeren Hahn gelingt es ab und zu, seinen Gegner unter sich zu bringen. Dann wird auf ihm »herumgehackt«. Also gibt es nicht nur ritualisierte Kämpfe (Kommentkämpfe) beim Auerwild, sondern auch Beschädigungskämpfe. So mancher Hahn macht daher einen recht zerzausten Eindruck während der Balz.

Was ist der Sinn der Balz? Es soll von Jahr zu Jahr der stärkste, gesündeste Hahn ermittelt beziehungsweise bestätigt werden: der Platzhahn. Von diesem werden dann die Hennen »getreten«, das heißt, es wird für Nach-

Rechts:
Ein prachtvoller Auerhahn grenzt sein Territorium ab

Unten:
Ein strahlender Tagesbeginn, ein lichter Wald: Auerhahnbalz

wuchs gesorgt. Ein rührendes Bild, wenn eine oder zwei Hennen angeflogen kommen, sich in der Nähe des Haupthahns auf dem Boden niederlassen und dann eher »schüchtern« hinter dem stolzen, aufgeplusterten Platzhahn einhertrippeln!
Plötzlich höre ich hinter mir, ganz nahe, ein Knacksen und Rascheln; ich drehe mich um, sehe nichts, verharre eine Weile. Da, ein Auerhahn, keine drei Meter hinter mir! Er hat sich bisher lautlos »angeschlichen« oder gar unter einer dichten Fichte übernachtet. Wir sind wohl beide gleich stark erschrocken. Der Auerhahn streicht ab, hinüber zum Tannenwald. Ich warte bis zirka 10.30 Uhr, sehe noch, wie in der Ferne ein Hahn eine »Sonnenbalz« auf einem Baum ausführt, und schleiche dann davon. Schön war die Balz mit dem Fernglas zu beobachten, doch zum Fotografieren war es wieder nichts. Also ein weiterer Versuch. Diesmal begebe ich mich schon um 16 Uhr des Vortags ins Versteck. Bis 19 Uhr muß ich warten, dann fallen drei Hähne ein; recht spät eigentlich, vielleicht beunruhigt durch die vielen Spaziergänger während der Osterfeiertage. Kurzes Balzverhalten, dann etwas Nahrungssuche, der eine auf einer hohen Buche nach frischen Knospen, der andere weidet auf einer jungen Fichte Nadeln mit lautem Knappen ab, manchmal ob seines schweren Gewichts heftig balancierend. Schließlich kann ich beobachten, wie zwei Hähne auf Bäume fliegen und kurz balzen. Es ist schon fast dunkel. Da höre ich merkwürdige Laute: »Quorr, quorr, quorr – schniepf…«

Links:
Am Rechenfelsen
in der romantischen
Haslachklamm

Oben:
Zierliche Akelei

Unten:
Taufrische Waldgräser

Eine Waldschnepfe streicht eilends vorüber, kommt nach ein paar Minuten wieder zurück mit Quorren und Pfeifen, und vorbei ist der »Spuk«. Ich habe sie nicht einmal gesehen, nur gehört. Die Waldschnepfe ist ein äußerst heimlicher Vogel. In der Ferne ruft ein Waldkauz, und bald ist es ganz still. In meinem Naturversteck schlafe ich mehr schlecht als recht. Zwar ist es nicht mehr so kalt, aber ich habe unter meiner Isoliermatte eine kräftige Baumwurzel übersehen...

Pünktlich 4.44 Uhr wache ich von allein auf; um 4.45 Uhr beginnt wie gewohnt die Auerhahnbalz. Und wie schon am Abend zuvor fliegt noch bei Dunkelheit die Schnepfe ihre Balzrunde. Um 6 Uhr sind die Hähne nach einer kurzen Baumbalz am Boden, und ringsum wird das vielstimmige Vogelkonzert lauter: Drosseln, Meisen, Laubsänger, auch ein Kukkuck fällt mit einem einzelnen, noch müden Laut ein, und ein Tannenhäher rätscht einigermaßen melodisch dazwischen. Eine Haubenmeise turnt durch die Äste meines Verstecks. Die aufgehende Sonne taucht die balzenden Hähne, den prächtigen Platzhahn und einen sehr starken Nebenhahn, in ein mildes Frühlingslicht. Doch zehn Minuten später, während ich angespannt die Balz mit dem Teleobjektiv verfolge, sehe ich graue Schleier im Sucher meiner Kamera. Nebelschwaden! Wetterumsturz, obwohl kaum ein Wind zu spüren ist! Es bleibt neblig-wolkenverhangen, Sichtweite manchmal nur noch knapp 10 Meter. Die Balz flaut merklich ab. Eine schön gezeichnete Henne fällt vielleicht sechs Meter vor mir auf einer Buche ein. Ich wage kaum zu atmen, bis sie zum Platzhahn auf den Boden gleitet. Gegen 10 Uhr denke ich, daß die Balz für diesen Tag endgültig beendet ist. Doch just da marschiert der Haupthahn, gefolgt von zwei Hennen, noch einmal schnurstracks auf seinen Nebenbuhler zu. Es kommt zu einem äußerst heftigen Kampf. Der Nebenhahn zieht sich langsam zurück, balzt noch etwa eine halbe Stunde sehr erregt solo und pickt dazwischen nach Heidelbeerknospen – eine typische Übersprungshandlung. Um 11 Uhr ist Ruhe im Revier, allerdings höre ich in der Ferne immer noch einzelne Balzlaute des Haupthahns. – Zwei grauweiß getupfte Federchen liegen am Boden.

Linke Seite:
Zutrauliche Wasseramsel

Selten stark gefärbter
Türkenbund

Rechts:
Angenehm frisch
ist es selbst im
Hochsommer in der
»Urgesteinsschlucht«

Links:
Räuberschlößle-Blick

Ein Rinnsal
zerstiebt am
Lotenbachfelsen

Wutachaue
oberhalb der
Schattenmühle

Pfingstnelken
mit betörendem Duft
am Nägelefelsen

Rechts:
Zur Zeit der Schneeschmelze
eine tosende Klamm,
im Sommer
ein idyllischer Bergbach:
die Lotenbachklamm

Junger grauer Fliegenschnäpper, der ohne Scheu die Wanderer auf dem nahen Pfad beäugt

Osterglocken und Schusternägele

Küchenschellen oder »Osterglocken«?

Früh bin ich hinaufgefahren. Am Himmel, der langsam heller wird, kein Wölkchen, aber in den Hochtälern dichter, grauer Nebel. Am Horizont kündigt sich die Sonne an, und dann durchflutet sie goldgelb die Nebelschwaden (Abb. oben).
Ich laufe über den Ochsenberg. Schade, daß eine Reihe Autospuren mitten durch den Halbtrockenrasen führen: Es ist nämlich ein sehr wertvolles Gelände – Standort von Gelbem Enzian, Küchenschelle, Sonnenröschen, »Rapunzel«, Frühlingsenzian (»Schusternägele«, s. Abb. S. 102), Träubelhyazinthe und verschiedenen Orchideenarten. Die bepelzten Küchenschellen (Abb. S. 37) habe ich bei meiner Erkundigung des Wutachgebietes lange gesucht. Hätte ich allerdings in Reiselfingen einmal nach »Osterglocken« gefragt, dann wäre mir vermutlich schon eher ein guter Tip zugegangen. In Bonndorf ist diese Bezeichnung für die Küchenschellen (abzuleiten von »Kuh-Schellen«) indessen nicht bekannt.
Die Wutach bildet teilweise die Grenze zwischen mittel- und hochalemannischem Dialekt. Das erfuhr ich im

Links:
Golden durchflutet
die Morgensonne
den Nebel

Rechts oben:
Kleines Nachtpfauenauge,
frisch geschlüpft

Rechts unten:
Fruchtstand
der Küchenschelle:
»wildes Männlein«

Gespräch mit Julius Bausch (s. Abb. S. 122); 1980 wurde Opa Bausch 85 Jahre alt. Dabei ist er noch sehr rüstig, marschiert trotz seines hohen Alters z. B. von Reiselfingen nach Dietfurt, von dort zur Schattenmühle und wieder zurück nach Reiselfingen! Früher hatte er verschiedene »Jobs«: Waldarbeiter, Nebenerwerbslandwirt, Totengräber, Ortspolizist mit »Karzer« im Haus, Himmelträger (bei der Fronleichnamsprozession) und Ortsdiener (der alles »an die große Glocke hing«; in Reiselfingen läuft auch heute noch der Ortsdiener mit einer großen Glocke durch den Ort, um Neuigkeiten zu verkünden). – Nun also Unterschiede zwischen Hoch- und Mittelalemannisch: In Bonndorf »isch es ebbis ganz anders«

Oben:
Drei junge Waldohreulen

Rechts:
Die Kapelle zum Witterschnee oder Schneekreuz bei Löffingen

als in Reiselfingen, dort »säggät si« und da »sagä se«, und die Reiselfinger heißen bei den Bonndorfern »d'änä Wiätler«. So kann man bei dem Gespräch mit den »Alten« seinen Spaß haben; diese freut es wiederum, jemanden zu finden, der ihren Geschichten gerne zuhört.
Doch auch in der Natur gibt es Erheiterndes: Beim abendlichen Spaziergang am Bucheck schaute von einem Kiefernast ein Waldkauz herunter. Im Taschenlampenschein funkelten seine großen, nach vorn gerichteten Augen. »Neugierig« wiegte er seinen Kopf hin und her; ich konnte es mir nicht verkneifen, ich mußte lachen. Noch drolliger als die ausgewachsenen Eulen sind ihre Jungen (Abb. S. 40). Besonders gern erinnere ich mich an ein Erlebnis mit den seltenen Schleiereulen: Auf einen Tip hin hatte ich sie in einer Scheune gefunden. Das heißt, zunächst einmal sah ich nur einen Berg von Gewöllen und toten Mäusen (»Lebensmittelvorrat«). Doch in einer Kuhle lagen vier ganz kleine, weiß bedunte Schleiereulen. Vier Wochen später waren sie prächtig gediehen, das Gefieder

Links:
Stets hungrig –
junge Rabenkrähen

Rechts:
Blütenmeer
auf der Hochfläche
bei Reiselfingen

schön gezeichnet. Ein Junges beäugte den menschlichen Eindringling kritisch, die anderen zogen es vor, sich totzustellen; nur aus einem fast geschlossenen Augenwinkel wurde ich beobachtet. Das Mutigste kletterte über seine Geschwister und kam mir allmählich näher: aufgeplustert, die Flügel gespreizt, knappte es immer wieder »gefährlich« mit dem Schnabel und drehte den Kopf hin und her. Zwischendurch schien es mit den Flügeln radzuschlagen; und plötzlich machte der kleine Kerl einen Satz auf mich zu. Unwillkürlich schreckte ich zurück, bevor ich doch lachen mußte ob dieses »Drohrituals«.
Seit alters her wird die Ornithologie (Vogelkunde) als »scientia amabilis«, d. h. »liebenswerte Wissenschaft«, bezeichnet. Was sind die Gründe dafür? Die Eleganz und Leichtigkeit des Vogelflugs, die Schönheit von Gefieder und Gesängen, aber auch die Tatsache, daß es eigentlich keine Vögel gibt, die dem Menschen irgendwie direkt gefährlich werden könnten, wie etwa »Raubtiere« oder Giftschlangen (einmal abgesehen von den Raben des Herrn Hitchcock . . .). – A propos Rabenkrähen. Neugierig, wie ich war, inspizierte ich das Krähennest auf einer jungen Eiche etwas näher – zwei kleine schwarze Gesellen waren darin. Doch wer glaubt, sie hätten gedroht oder wären ängstlich gewesen, der irrt. Völlig außer acht lassend, daß da auch ein Feind gekommen sein könnte, sperrten sie ihre Schnäbel so weit als möglich auf; der knallrote Rachen leuchtete transparent in der Nachmittagssonne (Abb. oben). Beeindruckt von so viel Hunger, opferte ich die Lyoner Wurst von meinem Vesperbrot. Sie hat ihnen hervorragend geschmeckt. – Der rote Schlund ist ein »Schlüsselreiz« für die Elterntiere zum Füttern (die Brutpflege ist durch angeborene Verhaltensweisen abgesichert). Was aber könnte die Jungen veranlaßt haben, mich als Elternteil zu betrachten? Krähen genießen längst nicht den Beliebtheitsgrad von Eulen (den Symbolen der Weisheit...); ich fand sie lustig, und mir haben sie Spaß gemacht. Es müssen nicht immer die seltenen oder be-

sonders bunten Vögel sein, die man fotografiert oder beobachtet.
Hat man einmal die Gelegenheit, einen fliegenden Buntspecht aus der Nähe zu sehen, so ist man schon erstaunt, wie schön sein Gefieder gezeichnet ist (Abb. S. 45). Bewundert wird in der Regel, wie ein Specht die vielen »Gehirnerschütterungen« beim Klopfen und Trommeln aushalten kann (das verdankt er der besonderen Anatomie seines Schädels). Mich hat vor allem sein Verhalten bei Störungen interessiert. Per Zufall entdeckte ich die nahezu fertige Wohnhöhle eines Buntspechts. Als ich mich auf zirka 20 Meter näherte, huschte er davon, blieb aber in der Nähe, zeterte und schimpfte energisch. Ich improvisierte eine Tarnung aus alten Ästen und Zweigen. Bei meinem nächsten Besuch flog der kleine Specht wieder eilends davon. Ich war aber noch nicht einmal fertig mit dem Aufbau der Fotoapparatur, als er schon wieder zurückkam und in seine Höhle schlüpfte, um die letzten Späne herauszutragen. Jetzt störte ihn meine Anwesenheit überhaupt nicht mehr; ich war offensichtlich als »ungefährlich« eingestuft worden. Als jedoch zwei Spaziergänger vorbeikamen, strich er sofort ab und schimpfte wieder in einiger Entfernung. Etliche Tage später flog bei meinem Nähern kein Specht davon. Etwas ratlos klopfte ich an seinen Baumstamm, da schaute er doch tatsächlich oben her-

Links:
Die Fliegenragwurz heißt im Volksmund auch: »Sammetweibli«, »Jungferblume«, »hängender Jesuit«, »Teufelsfüßchen«. Sie ist eine seltene kleine Orchidee

Rechts:
Buntspecht-»Kinderstube«

aus, beäugte mich kurz und surrte auf den nächsten Baum. Unter seinen Augen schlüpfte ich ins Versteck, sofort war er zurück. Nun hätte ich ihn gerne fotografiert – er blieb aber lange unsichtbar in seiner Wohnung. Ich wollte ihn zum Herausschauen reizen, pfiff eine Strophe – nichts! Da klopfte ich mit zwei Aststückchen einen schnellen Rhythmus; das wirkte, er schaute nach der vermeintlichen Konkurrenz. In der Woche darauf teilte ich dem Specht durch Klopfen an seinen Baum mit, daß ich wieder da wäre zum Fotografieren. Keine Reaktion! Ich erschrak – war etwas passiert? Nach einigem Überlegen beschloß ich, in meinem Versteck eine Weile zu warten. Vielleicht war er unterwegs; doch da lugte er ganz kurz zu mir herunter und zog sich gleich wieder zurück. Er kam erst wieder zum Vorschein, als man das zweite Alttier in der Nähe hören konnte, das sich zur Ablösung beim Brutgeschäft näherte.

So bin ich mir letztlich nicht ganz sicher, ob der Buntspecht in relativ kurzer Zeit gelernt hat, Störungen nach dem Grad ihrer »Gefährlichkeit« zu unterscheiden. Fühlt er sich dort oben in seiner Baumhöhle mit dem engen Einflugloch so sicher, nach dem Motto: »My home is my castle« (Mein Heim ist meine Burg), oder ist es die während der Brutperiode immer stärker werdende Bindung an die Eier und Jungvögel?

Es reizt einen, für beobachtete Phänomene Erklärungen zu suchen. Indessen ist das nicht immer nötig oder sinnvoll. Als Beispiel seien Rufe oder Gesänge von Vögeln genannt. Diese haben sicher wichtige Funktionen zur Revierabgrenzung, zum Warnen oder Anlocken, bei der Balz und für den Kontakt zwischen Ehepartnern oder Elterntieren und Jungen. Darüber hinaus sollte man aber nicht von vornherein ausschließen, daß ein Vogel auch aus einer bestimmten »Gemütslage« heraus singt, das heißt daß er einfach pfeift und zwitschert, weil es ihm Freude macht. – Was für das

Links:
»Chorgesang«? – Fütterung junger Rauchschwalben (Tiefental)

Rechts:
Der Himmel »brennt« . . . (bei Ewattingen)

Verhalten gilt, sollte in ähnlicher Weise auch für das Aussehen zutreffen. Gefieder und Fellmuster dienen der Erkennung von Artgenossen, der Tarnung oder Warnung usw., vielleicht aber auch nur der »Selbstdarstellung« einer individuellen, einmaligen Erscheinung. Der Schweizer Zoologe A. Portmann nennt dementsprechend Merkmale, die nicht in irgendeiner Weise der Kommunikation, Lebenssicherung oder Arterhaltung dienen, »unadressierte Erscheinungen«. Es könnte sein, daß gerade diese funktionslosen Merkmale von Lebewesen einen großen Anteil an der Formenfülle in der Natur haben und ihre Entstehung im Laufe der Entwicklungsgeschichte genausoviel »Energie« erforderte wie die Entstehung funktioneller Strukturen. Der Mensch ist heute im Begriff, die Arten- und Formenfülle in der Natur drastisch und irreversibel zu reduzieren.

Kalkfelsen und Flußauen

Ein verdächtig großer, weißer Punkt auf der dunklen, hohen Tanne am Südufer der Wutach! Ich bin noch weit weg und nehme das Fernglas. Ja, da sitzt ein prächtiger Graureiher und sonnt sich. Auf einem Forstweg will ich allmählich zum Fluß hinunterwandern. Zunächst geht es an einer häßlichen Kahlfläche (ehemaliges Kieswerk) am oberen Rand entlang. Langsam faßt das Leben wieder Fuß, Disteln und Pestwurz wuchern dort; die Disteln haben regen Besuch von Faltern. Etwas weiter hat jemand gleich neben dem Weg ein Loch gebuddelt; Reste von Wespenwaben liegen noch darin. War es der Fuchs oder ein Wespenbussard? Vermutlich letzterer. Auf dem Waldweg entdekke ich zarte, tiefblaue Blüten, der Fransenenzian beginnt zu blühen. Ich überquere eine alte Rutschung, recht glitschig ist es da, ich muß aufpassen. Wenige Meter dahinter ein schöner Aufschluß von Fasergips. Tief unten erkenne ich den Forellenfelsen; direkt vor mir stehen einige mächtige Buchen. In den zurückliegenden Jahren hatte darin der Schwarzspecht gewohnt, der »Vogel des Jahres« 1981 (in Zusammenhang mit der Schutzaktion des DBV). Nach ihm hatte sich in seinen Höhlen ein Schwarm Dohlen häuslich eingerichtet. Jetzt ist es ruhig. Mit dem Wandern kommt der Durst. Aus einer moosumwachsenen Quelle schöpfe ich Wasser und trinke. Erfrischend! (Besser schmeckt allerdings das Wasser aus dem Urgestein.) Nach ein paar Minuten habe ich die Wutach erreicht. Auf einem Trampelpfad quer durch einen Pestwurzurwald (Abb. S. 56) gelange ich zum Ufer. Dort herrscht ein wildes Gewirr von überhängenden Zweigen der Traubenkirsche, von hoher Pestwurz und Brennesselstauden, einer quer über die Wutach gestürzten Fichte und allerhand Schwemmaterial. Dann plötzlich ein erschrecktes, heiseres Krächzen. Ein Graureiher streicht mit schwerem Flügelschlag ab. Deutlich ist sein S-förmig zurückgebogener Hals zu erkennen.

Die Graureiher haben es als einzige geschafft, mich zu entnerven. Wandert man durch Felder und Wiesen an den Wutachrändern, so kann man regelmäßig Graureiher auf Frosch-, Insekten- oder Mäusejagd beobachten, oft in geringem Abstand hinter dem Traktor eines Landwirts, der seinen Acker bearbeitet. – Ich habe mir an einem Tümpel, der gern von Reihern besucht wird, ein Fotoversteck gebaut (noch im Winter, als der Tümpel zugefroren war). Der Unterschlupf ist im Sommer völlig zugewachsen von Sträuchern, so daß nur die Frontlinse des Teleobjektivs herausschaut. Ich suche ihn noch bei kühler, stockdunkler Nacht auf. Nachdem ein Reiher nach dem anderen eingefallen ist, genügt beim ersten Sonnenstrahl ein einziges Klikken des tücherverhüllten Fotoapparates, um die mißtrauischen Vögel zu verscheuchen. Sie fliegen übrigens nur ein paar Meter weiter bis zum nächsten Tümpel, zu weit, um fotografiert zu werden. Bis sie dann geruhen, in den Wiesen nach Nahrung zu suchen, kann ich in meinem Versteck ein Nickerchen machen oder die Meisen und Rotkehlchen beobach-

Ein verträumter Platz
in der Gauchachschlucht,
zu schön,
um nicht zu verweilen

ten, die manchmal neugierig hereinschauen. Geradezu dreist war es, als sich einmal ein Eichelhäher auf die Sonnenblende meines Objektivs gesetzt hatte – es schwankte ganz schön!
Ich habe es von meinem Tümpelversteck aus oft genug vergeblich versucht, die erhofften Bilder von den Reihern zu bekommen. Einige Male habe ich schon oben im Auto übernachtet. Das hat einem jungen Rehbock eines Abends offensichtlich nicht gepaßt, denn er umrundete mich laut bellend, sprich »schimpfend«. Ein Füchslein ließ sich auch blicken. Gut, daß es bald wieder verschwand, denn kurz danach kam der Förster. – Es ist sehr interessant, sich mit den Forstleuten zu unterhalten. Von einem erfuhr ich folgende schier unglaubliche Geschichte (unter mehrmaliger Versicherung, es sei kein Jägerlatein, sondern eine wahre Begebenheit): Ein Fuchs hatte ein Erdnest von Wespen entdeckt. Um nun an die Waben mit der Brut heranzukommen, ohne gestochen zu werden, wedelte er mit seinem buschigen Schwanz im Nest herum, mit dem Erfolg, daß sich die wütenden Insekten in seinem Schwanz verfingen, ohne ihn stechen zu können. Mehrmals klopfte er seine Rute aus, schüttelte sich kräftig, bis er es wagen konnte, das Nest auszunehmen... Das sieht dem Meister Reinecke, wie wir ihn aus vielen Fabeln kennen, gleich!
Ich fand im Wutachgebiet vor einiger Zeit eine kleine, schöne Reiherkolonie mit mehreren Horsten. Man kann sie vom gegenüberliegenden Hang aus sehr gut mit dem Fernglas beobachten. Noch in der Nacht bin ich hochgefahren. Beim Durchqueren eines Seitenbachs im Halbdunkel hole ich mir nasse Füße, und mit dem ersten Morgenlicht bin ich an meinem Beobachtungspunkt. Fast gleichzeitig und geradezu schlagartig beginnt ein wunderschönes Morgenkonzert, vor allem Wacholderdrosseln sind beteiligt. Noch stören keine Umweltgeräusche den frohen Beginn des neuen Tages; die bewaldeten Berghänge sorgen für eine hervorragende »Akustik«. Langsam beginnt auch in der Reiherkolonie das Leben. Es ist zwar erst fünf Uhr, aber in Abständen kommen schon einige Alttiere angeflogen, um die Jungen zu füttern. Kaum sind sie in Horstnähe, beginnen die Jungen zu »schättern«.
In einem Horst sind die fünf Jungvögel bereits recht groß; sie sehen längst nicht mehr so struppig aus wie die Kleinen. Allmählich bekommen sie ein hübsches Gefiedermuster, vor allem am Hals. Der Brutbeginn war wohl Ende März, als ringsherum noch tiefer Schnee lag.
Nun aber ist die Fütterung recht schnell beendet, das Alttier streicht wieder ab, und sofort sind die Jungen wieder still zu dieser frühen Morgenzeit. An den Horsten, wo der Nachwuchs noch recht klein ist, hält dauernd ein Alttier Wache, und dort gibt es dann bei der Ankunft des Partners ein kurzes Ablösungsritual. Das ist nur noch ein »Abglanz« des »Begrüßungszeremoniells«, wie man es bei der Balz kennt. Beim Anflug des Partners zum Horst stellen beide das Kopfgefieder und den Schopf steil auf, ebenso die Brustschmuckfedern, begleitet von krächzenden Lauten. Anschließend werden Kopf und Hals hochgereckt. Dann folgt eine Art Verbeugung, und das Weibchen knickt tief im Fersengelenk ein. Doch jetzt bei der Aufzucht der Jungen bleibt dafür kaum noch Zeit. (Warum sollte es bei den Tieren anders zugehen als bei den Menschen?...)
Wenn die Sonne etwas später über die Hangkante kommt, erwecken ihre wärmenden Strahlen die Reiherkolonie zu mehr Aktivität (Abb. S. 55). Die Fütterung dauert jetzt meist etwas länger. Wie immer werden die Alttiere mit kräftigem »Schättern« empfangen. Nach der Landung auf dem Horst gibt es erst mal ein kurzes Gedränge, dann strecken sich die Jungen zum Hals und Kopf der Alten, picken an die Schnabelwurzel und wenn ihnen die Nahrungsabgabe offenbar zu lange dauert, zerren sie recht »brutal« am Schnabel und Halsgefieder des Elterntieres, bis alle Köpfe in der Nestmulde verschwinden. Die Alttiere würgen mehrmals einen Nahrungsbrei aus ihrem Kropf in die Nestmitte; dabei erzeugt die ganze Reiherfamilie nicht gerade schöne Geräusche. Diese Prozedur hat als »Reihern« Eingang in den deutschen Sprachschatz gefunden. Ist die Fütterung beendet, bleibt das Alttier am Horst. Dieser muß manchmal »repariert« werden. Da stört ein herausragendes Ästchen, dort fehlt eines. Ab und zu wird dann vom Boden ein neues geholt und in den Horst eingeflochten. Dabei versuchen die älteren Jungen schon zu helfen. Einmal hatten vier Jungvögel gleichzeitig ihren langen Schnabel am Ästchen!

Seidelbast mit freundlichem Besuch

Links oben:
Pestwurzblüten drängen aus dem Bachschotter hervor

Links unten:
Märzenbecher, so weit das Auge reicht

Rechts:
Wasseramsel bei der Nahrungssuche

Neulich beobachtete ich etwas Unglaubliches: In der Kolonie war nur ein Altreiherpaar anwesend, und scheinbar war sein Horst in »üblem Zustand«; dringend wurden einige Ästchen benötigt. Aber da hing ja vom Nachbarhorst ein Zweig weit herunter. Sachte hingeflogen und herausgezerrt! Doch die großen Jungen darin waren »entsetzt«, beugten sich weit über den Nestrand, krächzten und knappten zur Verteidigung laut mit dem Schnabel. Das nutzte zwar nichts mehr, aber der Altreiher wagte bei den Großen keinen zweiten Versuch. Dafür flog er jetzt zu dem momentan unbewachten Horst mit den allerkleinsten Jungen. Auch diese drohten, knappten und streckten ihm die Schnäbel entgegen. Ich hatte Angst, es könnte eines aus dem Horst kippen. Impulsiv klatschte ich ob soviel »Unverschämtheit« in die Hände, das rührte ihn überhaupt nicht. Er holte sich sogar noch einen weiteren Zweig, während sein Partner scheinbar teilnahmslos zuschaute (oder »Wache schob«). Erst die Ankunft der anderen Alttiere beendete das »Drama«.

Links:
Zart wie japanisches Porzellan:
Pfirsichblättrige Glockenblume

Rechts:
Besuch bei den Graureihern
(Aufnahmen mit starkem Teleobjektiv!):
In Erwartung
Fütterung
Ein kleiner Zwist
Erste Flugübungen

Recht ausführlich wird die Gefiederpflege betrieben, die bei Vögeln, die am Wasser leben, besonders wichtig ist. Fast sieht es so aus, als würde zur Reinigung jedes Federchen einzeln durch den Schnabel gezogen. Hals strecken, Flügel spreizen, den Stoß fächern, knabbern, mit Kopf und Hals über das Rückengefieder streichen und mit den Krallen jucken, minutenlang jucken – eine schier nicht enden wollende Prozedur. Anschließend werden gern die Flügel etwas ausgebreitet, der Hals in Reckhaltung: Gefieder trocknen bzw. sonnenbaden. Was mich sehr amüsiert hat: All diese Tätigkeiten der Alttiere wurden von den Jungen nachgeahmt, und zwar nahezu synchron. Streckte ein Altreiher die Flügel, machten das auch die Jungen; wurde der Betrieb am Nachbarhorst »kritisch« begutachtet, blickten auch die Kleinen hinüber; war wegen der Hitze Hecheln nötig, hechelte die ganze Familie.

Als es einmal gar zu warm wurde, versuchte das kräftigste Junge, in den Schatten am hinteren Horstrand zu gelangen; es zwängte sich unter einem Zweig durch, hopste auf ihn, um prompt das Gleichgewicht zu verlieren. Die Kletterpartie endete kopfüber mitten unter den Geschwistern. Bei einem früheren Besuch der kleinen Reiherkolonie Ende April war ich äußerst erschrocken, und es entfuhr mir: »Ich glaube, mich trifft der Schlag!« – Holzfällerei in unmittelbarer Horstnähe. Unter den Horstbäumen Eierschalen. O Schreck, waren Krähen oder Elstern während der Störung am Werk gewesen? Ich konnte es eigentlich nicht recht glauben, denn in dem Wäldchen wohnt ein Schwarm Wacholderdrosseln (»Krammetsvögel«). Taucht irgendwo eine Krähe auf, beginnen die Drosseln sofort einen Riesenspektakel und »hassen« auf den Eindringling, bis es ihnen schließlich gelingt, den Feind zu vertreiben. Eine hervorragende »Schutztruppe«! – Als ich mir die Eierschalen genauer ansah, stellte sich heraus, daß sie ordnungsgemäß mit dem Eizahn geöffnet worden waren – die letzten Jungen waren geschlüpft. Es war also noch einmal gutgegangen, und ich hatte noch häufig Gelegenheit, mich an den herrlichen Reihern, die zu unseren letzten Großvögeln zählen, zu erfreuen.

Links oben:
Silbrige Fruchtstände der Pestwurz – jeder Samen hat ein Flugschirmchen

Links unten:
»Pestwurz-Urwald« aus der Froschperspektive

Rechts innen:
Felsspiegelung

Rechts außen:
Am »Amselfelsen« ist die Wasseramsel zu Hause

*Zarte Orchideenblüten:
Braunrote Stendelwurz –
»Felsvanille«*

Vom »Wellblechsträßle« zur »Sauschwänzlebahn«

Freiburg – Döggingen – Wutachmühle – Achdorf, diese Strecke geht über schnelle Straßen. Doch dann kommt das »Wellblechsträßle«: geradezu eine Achterbahn für Autofahrer, auf und ab. Das Gelände am südlichen Buchberg ist sehr buckelig wegen der Rutschfreudigkeit des Untergrunds. Der rechte Fuß ist immer bereit, blitzschnell auf die Bremse zu treten, falls Gegenverkehr kommt; sehr eng ist es nämlich auch noch. Oben bei Fützen angelangt, wird sich der Freund alter Eisenbahnen dann entscheiden müssen, welchen Aussichtspunkt er wählt, um die Museumsbahn zu fotografieren, im Volksmund »Sauschwänzlebahn« genannt wegen der vielen Kehren und Schleifen. Vielleicht wärs ein Vorschlag, sie bei der Talfahrt am Biesenbach-Viadukt zu knipsen, und dann schnell runter nach Grimmelshofen oder Lausheim-Blumegg, um sie bei der Rückfahrt zu erwischen, wenn sie dampfschnaubend aus dem Weiler Kehrtunnel kommt und über das Wutachviadukt fährt (Abb. S. 120). – So hübsch das Bähnle auch ist und so lustig die Fahrten mit ihm meist verlaufen, will ich doch vor allem von einem seltenen und scheuen Tier erzählen.

Im Freiburger Stadtpark steht ein Denkmal für eine Stockente, deren Wachsamkeit – oder sollte man besser sagen, Vorahnung? – und Geschnatter es etliche Freiburger Bürger verdanken sollen, daß sie sich rechtzeitig vor einem Bombenangriff anno 1944 in Sicherheit bringen konnten. Daß Stockenten sehr aufmerksam sind und die anderen Tiere – ähnlich wie die Eichelhäher – sehr frühzeitig vor einem menschlichen Eindringling warnen, habe ich in der Wutachschlucht oft genug erfahren. Um so erstaunter war ich aber, als ich einmal eine Weile »Tuchfühlung« mit einer Wildente in meinem Naturversteck bekam, das sich aus allerlei altem Pflanzenmaterial zusammensetzte. Schon im Winter hatte ich dieses Versteck an der von einem Eisvogel bevorzugten Warte installiert, um später das scheue Tier nicht bei einem möglichen Brutgeschäft zu stören. Trotz dieser Vorsicht wäre ich jetzt beinahe als »Störenfried« erschienen. Denn ich hatte nie und nimmer damit gerechnet, daß dieses wirre Gebilde für eine Wildente attraktiv sein könnte. Aus der Seitenwand meines Unterschlupfs strich aber plötzlich eine Stockente ab. Ich schaute genauer hin, und siehe da, ein Nest mit zehn stattlichen Eiern! So hatte ich denn rund drei Wochen Beobachtungspause; danach kontrollierte ich das Versteck wieder: Ordnungsgemäß mit dem Eizahn geöffnete Eischalen, die jungen Nestflüchter bereits in ihrem Element, dem Wasser; alles war offenbar gutgegangen! Ich konnte mich wieder auf den Eisvogel konzentrieren. Und es dauerte nicht lange, da kam er auch schon. Wie immer hörte ich ihn zuerst mit seinem verräterischen »Zieh-zieh«. Pfeilschnell, dicht über dem Wasser, kam er angeschossen und landete auf seiner angestammten Warte, einem verdorrten Ast. Unwillkürlich wagte ich kaum zu atmen, erst recht nicht zu fotografieren, denn der Abstand betrug vielleicht zweieinhalb Meter. Als ich nach einer Weile dann doch auf den

Auslöser drückte, störte es ihn glücklicherweise nicht. (Kritischer war es schon, einen Schwenk mit dem Teleobjektiv auszuführen; das mußte ganz ruhig, millimeterweise geschehen.) Offenbar hatte er »Vertrauen« zu mir gefaßt.

Es wäre jammerschade, wenn dieses prächtige, exotisch anmutende Tier bei uns aussterben würde durch Mangel an geeigneten Biotopen, insbesondere durch fehlende Flußwände mit Möglichkeiten für den Niströhrenbau und durch seine Bekämpfung als vermeintlicher Fischereischädling, wie unvernünftige und uneinsichtige Fischereipächter ihn oftmals sehen mögen. Auf der »Roten Liste« der bedrohten Tiere steht er längst! Ganz besonders betrübt mich das, weil ich weiß, daß es auch anders sein kann. So hat der Eisvogel im muselmanischen Kaschmir, dem nördlichsten indischen Bundesstaat am Fuße des Himalaja, offenbar von den Menschen nichts zu befürchten und ist dort erstaunlicherweise zum Kulturfolger geworden! Man begegnet ihm auf Schritt und Tritt, besser gesagt von Paddelschlag zu Paddelschlag, auf

Oben:
Eisvogelwarte über dem glitzernden Fluß

Links:
Farbenfrohe Frühlingsplatterbse

den unzähligen Wasserläufen zwischen Dal- und Naginsee bei der Hauptstadt Srinagar. Diese Wasserwege sind dicht bevölkert mit Menschen, die dort auf Hausbooten leben. Es ist sicherlich nicht unberechtigt, den Eisvogel als »fliegenden Edelstein« zu bezeichnen (Abb. S. 63). Das »Eisblau« seines Kopf- und Rükkengefieders mit dem zarten Muster heller Tupfen harmoniert wunderschön mit dem Rostrot der Unterseite. Das Stummelschwänzchen und die zierlichen roten Füßchen mildern den Eindruck des kräftigen, spitzen Schnabels. Unterhalb der roten Bäckchen leuchtet ein kleiner weißer »Spiegel«. – So saß er also wieder auf seiner Warte. Plötzlich ein »Platsch«, und schon war er wieder oben. Hatte

Links:
Frühling in den Flühen,
Blick vom Wutach-Viadukt
flußabwärts

Rechts:
Der Eisvogel, ein Kleinod
unserer heimischen Fauna,
ist sehr selten geworden

er ein Fischchen gefangen? Nein, er flog zum Baden mehrmals auf das Wasser, ohne tief einzutauchen. Danach wurde das Gefieder eifrigst gepflegt, aufgeplustert und geschüttelt. Einmal konnte ich sogar eine Balz beobachten: Sie begann mit einem »Nachfliegespiel«. Dann setzte sich das Weibchen auf einen großen Ast über dem Wasserlauf, das Männchen kurz darauf in einigem Abstand daneben; ganz kurzes Drohen! Das Männchen flog eilends wieder weg, kam aber nach recht kurzer Zeit zurück, diesmal mit einem Fischchen im Schnabel. Und das berechtigte ihn, sich direkt neben das Weibchen zu setzen. Er präsentierte den »Leckerbissen«. Das Weibchen akzeptierte – Signal für das Männchen, daß nun die »Hochzeit« stattfinden könnte. Ob es wohl zahlreichen Nachwuchs gegeben hat? Ich weiß es nicht, aber ich wünschte es sehr! – Im Bereich der Wutach ist der Eisvogel nahezu ausgestorben. Vielleicht kommen ihm die sich ganz langsam wieder verbessernde Wasserqualität und ein teilweises Paddelverbot zu Hilfe. (Ich huldige zwar auch dem Kajaksport, aber zum Schutz dieses schönen und seltenen Tieres fällt mir ein Verzicht nicht besonders schwer ...)

Links:
Kostbarkeit
der heimischen Flora:
Frauenschuh

Rechts:
Gruppe von
»Marienschühchen«

Zwei Jungvögel im Milanhorst von sehr unterschiedlichem Alter

Ein stolzer Vertreter der Gabelweihen: der Rote Milan

Großes Grünes Heupferd (junges Weibchen)

Kardendistel (Sandwich-Aufnahme)

Herbstliche Farbensinfonie

Ein kräftiges Hoch beherrscht seit Tagen das Wetter; doch die Luft ist noch recht diesig. Aber am 20. 10. 1979 ist es soweit: Am frühen Nachmittag bekomme ich von Steven den Anruf: »Sollen wir fliegen?« – »Ja, natürlich! In einer halben Stunde bin ich am Freiburger Flugplatz.« Als ich gerade auf den Parkplatz einbiege, kommt auch mein Pilot schon an. Wir machen den Motorsegler RF-5 startklar. Steven erledigt die Formalitäten am Tower, und dann rollen wir zur Startbahn; um 15.32 Uhr sind wir in der Luft, Richtung Wutachschlucht. Es ist sicherlich der herrlichste Tag in dieser Schönwetterperiode. Ein strahlender Himmel, nur über Freiburg hängt eine leichte Dunstglocke. Gleich nach dem Start erkenne ich meinen Wohnort March vor dem Kaiserstuhl. Ein paar Minuten später fliegen wir über unser ehrwürdiges Münster mit seinem herrlichen, gotischen Turm – gleich darauf entdecke ich in der Jahnstraße meine ehemalige »Studentenbude« und Steven sein Wohnhaus in Littenweiler. Über dem Zartener Becken sind wir noch in kräftigem Steigflug, die Schwarzwaldschwelle muß genommen werden. Wir erreichen sie über dem Spirzen, drehen dann ab zum Titisee und Hochfirst. Es herrscht reger Flugbetrieb – viele nutzen wie wir das Superwetter. Kein Lüftchen regt sich – wir liegen absolut ruhig in der Luft (ideal zum Fotografieren; ein Glück, daß wir die Genehmigung des Regierungspräsidiums vorher besorgt hatten).

Ich fliege sehr gerne, es ist immer wieder ein Vergnügen, obwohl ich neben wundervollen Flügen auch einige schaurige erlebt habe. (Den schlimmsten überstand ich während eines Monsungewitters mit beinahe endlosen Wolkentürmen in Burma zwischen Mandalay und Rangoon. Einer der schönsten war ein Segelflug mit der K-7 in einem kräftigen »Bart«, in dem ich mit einem Bussard »um die Wette« kreiste… Oder jener Flug entlang der Himalajakette von Kathmandu zum Everestgebiet!)

Tief unter uns liegt inzwischen der Brückenneubau bei Neustadt; fern am südlichen Horizont ist das komplette Alpenpanorama von der Zugspitze bis zum Mont Blanc in strahlendem Licht ausgebreitet. Hell gleißen die Schneefelder herüber. Nach Westen schließen sich Jura und Vogesen an. Von oben erscheint der leichte Dunst in der Rheinebene wesentlich dichter als unten – wir haben eine typische Inversionslage. Die Kaiserstuhlgipfel (Totenkopf und Katharinenberg) schauen gerade noch aus dem Nebel. Über dem Räuberschlößle und Gündelwangen (Abb. S. 69) sind die ersten Zusatzrunden fällig. Die im Herbst schon recht tief stehende Nachmittagssonne sorgt für kräftige Schatten, dadurch erscheint die Landschaft besonders plastisch. Bei Gündelwangen ist gerade der Höhepunkt der herbstlichen Laubverfärbung erreicht. Mildes Gelb der Birken leuchtet herauf, von den Südhängen der Schlucht das Rot der »Bucheninseln«, umrahmt vom satten Grün der Tannen. Weiter geht es nach Boll, wir fliegen im engen Radius um die Ruine Neu-Tannegg. Wie Spielzeug sehen die Häuser des

Stallegg
und Gündelwangen
vom Flugzeug aus

(freigegeben vom Regierungspräsidium Freiburg, Nr. P 15230, am 4. 12. 1979)

Dorfes aus, das Vieh auf der Weide und die vielen bunten Obstbäume. Bei Bachheim steigt eine dichte Rauchfahne auf – ein Kartoffelfeuer; nicht so angenehm sind dic gedanklichen Assoziationen beim Anblick des hohen »Rauchturmes« fern in der Schweiz, der die Inversionsschicht durchstößt und Zeugnis gibt von einem KKW!

Wir überfliegen die Felsen der Hauptschlucht – ist es nun der große Kanzelfelsen oder gar schon der Forellenfelsen? Alles scheint so nahe zusammengerückt. Gleich darauf schweben wir über Gauchachmündung und Wutachmühle und drehen nun ab zum Flühenausgang bei Grimmelshofen. Hier erscheint das Licht besonders mild. Das Wutachtal weitet sich ja auch zum Hochrhein hinaus, die Hänge werden nach den letzten schroffen Felspartien diesseits und jenseits von Blumegg sanfter. Wir lassen den Blick schweifen über die Hegauvulkane, den Randen und immer wieder zum faszinierenden Alpenpanorama. Zum Luftkorridor des Züricher Flughafens müssen wir Abstand halten – einige große Jets sind deutlich in der Luft auszumachen.
Bald liegt Achdorf schon wieder hinter uns. In der Gegend von Josefsfelsen und Immenloch fließt das Sonnenlicht in breiten Strahlen in die Schlucht, erreicht aber die Talsohle nicht mehr; dunkelblau schimmert die Wutach herauf. Erneut drehen wir zwischen Boll, Göschweiler und Gündelwangen einige Runden, dort ist die Wutachschlucht an diesem strahlenden Herbsttag am schönsten. Wir verlassen die Wutach, fliegen entlang der Gutach zum Titisee zurück, von dessen Wasseroberfläche das Sonnenlicht so gleißend reflektiert wird, daß es uns fast blendet. Die Sonne ist während unserer Flugstunde merklich tiefer gesunken und taucht nun die Schwarzwaldberge, den Feldberg, Belchen, Kandel und Rohrhardsberg, in ein immer schöneres Licht. Am liebsten würde ich bis zum Sonnenuntergang oben in der Luft bleiben. Aber leider hat Steven bereits den Sinkflug Richtung Freiburg eingeleitet, bald werden wir in den dichter werdenden Dunst eintauchen; ein letzter Blick auf einsame Schwarzwaldhöfe unter uns und ferne Vogesenberge im Westen. Tadellose Landung, 16.44 Uhr MEZ.

Links:
Herbstliche Pappelallee
bei Bachheim

Rechts:
Die Muschelkalkwände
der Flühen, am Horizont
der Randen

Blick von der Neuenburg
über die Wutach
hinüber zur Hochfläche
bei Ewattingen

Links:
Der sagenumwobene Lunzistein in den Flühen, »Brautfluh« – Brautfelsen genannt

Rechts:
Die Hänge um den Josefsfelsen in märchenhafter Farbenpracht

Ein Jahr später sollte ich unten in der Schlucht noch einmal einen Herbsttag erleben, den man eigentlich nur mit »märchenhaft« charakterisieren kann. Es war sehr lange mild geblieben, und nun schien es, als solle der herbstliche Farbenzauber in einem einzigen Tag, dem 30. 10. 1980, gipfeln. Das Laub von Buchen, Ahorn, Eschen erglühte in tausend Farbschattierungen (Abb. S. 73–75), einzelne Bergkämme leuchteten bunt in der späten Sonne, während manche Talflanken schon in tiefem Schatten lagen. Das Wasser der Wutach glitzerte hier und dort zwischen dem weichen Grün der das Ufer säumenden Weiden; bizarres Stamm- und Astwerk von Eichen und Kiefern kontrastierte mit dem Filigran des bunten Laubwerks in so klarer Luft, daß man glaubte, jedes Blättchen einzeln erkennen zu können. Auf dem kaum begangenen Pfad blühte zu meinem Erstaunen noch der Fransenenzian – angenehmer Moderduft hing in der Luft.

Links:
Herbstliche Impression
vom »Großen Forellenfelsen«

Rechts:
Das Laub von Buchen,
Ahorn, Eschen erglühte
in tausend Farbschattierungen,
einzelne Bergkämme leuchteten
bunt in der späten Sonne,
während manche Talflanken
schon in tiefem Schatten lagen

Links:
Weg durchs Immenloch

Herbstliche Flußaue –
das Laub der Bergulmen
in sattem Gelb

Die Wutach am Josefssteg

Fleckenstreifiger
Feuersalamander

Rechts:
Eine mächtige Felspartie
an der ehemaligen
Wutachversickerung:
der Rümmelefelsen

Rechts innen:
Baumpilze

Rechts außen:
Wunderschöner Weg
durch einen lichten
Laubtunnel

Unten:
Allein auf dem
großen Kanzelfelsen hoch
über der Wutach

Links:
Wutach zwischen
Stallegger Brücke und Räuberschlößle
an einem strahlenden Herbstmorgen

Unten:
Am dunklen jenseitigen
Steilhang leuchtet eine
einzelne Baumgruppe
im milden Nachmittagslicht

Herbstliches Strohfeuer bei Göschweiler, ganz hinten der Feldberg

Entstehungsgeschichte der Wutachschlucht

Das Wutachgebiet ist Exkursionsziel vieler Studenten- und Schülergruppen, von Amateurgeologen und -paläontologen, Wissenschaftlern und »Aktivurlaubern«. Nicht zu Unrecht! Die Landschaft um Wutach und Gauchach, Aubächle und Krottenbach, wird gerne als »aufgeschlagenes Lehrbuch der Geologie« bezeichnet. Auch heute noch sind die Kräfte der Natur augenfällig am Werk. Einige gewaltige Erdrutsche in jüngster Zeit sind berühmt geworden: ein 50-ha-Erdrutsch am Westhang des Eichbergs im Januar 1966 oder ein Rutsch am Buchberg 1976, der das »Wellblechsträßle« (der Name weist schon auf die Unruhe der Gegend hin) für fast vier Jahre unpassierbar machte. Ich erinnere mich noch sehr gut, wie ich damals mit meinem Auto an den ziemlich frischen Abrutsch kam, anstelle der Straße einen tiefen, breiten Graben fand und dann eben wieder kehrtmachte, nicht ohne noch schnell ein paar Belemniten gesammelt zu haben. Der Wald dort sah aus, als hätte eine Riesenfaust hineingeschlagen (Abb. S. 85). Schuld an der Rutschfreudigkeit der Gegend sind quellfähige Tone, vor allem der »berüchtigte« Opalinuston des unteren Doggers. Im letzten Frühjahr machte ich mit ihm recht unliebsame Bekanntschaft: Auf einem vermeintlich hinreichend horizontalen Parkplätzchen neben dem »Wellblechsträßle« kam ich mit meinem Auto ins Rutschen – rückwärts den Hang hinunter; nur noch ein kräftiger Traktor konnte mich befreien…

Weitere Zeugnisse für die »aktive Geologie« des Wutachgebiets sind: ein massiger Felsabbruch vom Großen Kanzelfelsen im Winter 1980/81 (s. Abb. S. 21); der Felssturz am Rümmelesteg von 1953 (der die damalige Stelle der Wutachversickerung offenbar verstopfte); diverse Hochwasser (von zwei Überschwemmungen, 1804 und 1895, berichtet das volkstümliche Heiligenbild in der Grünburgkapelle oberhalb der zerstörten Lochmühle in der Gauchach, s. Abb. S. 119); zu nennen wäre auch die Doline (Einbruch der Decke eines unterirdischen Karsthohlraumes, ursprünglich 20 m breit und 40 m tief) auf der Höhe des Roßhags bei Göschweiler von 1954. Der Volksglaube hat für solche »mysteriösen« Erdlöcher eine liebenswürdige Legende parat: Der heilige Martin war mit seinem kleinen Esel auf Wanderschaft. Da begegnete er dem Teufel mit einem Sack voll armer Seelen. Er bat den Teufel, sie ihm freizugeben. Dieser willigte ein unter einer Bedingung: Der Esel müsse mit einem Satz über das – gar viel zu breite – Loch springen. Doch mit gutem Zureden des Heiligen und wohl auch göttlichem Beistand schaffte es das brave Tier – die Seelen waren frei, der Teufel fuhr mit Grollen durchs Loch zur Hölle. – Sehr interessant und schön sind übrigens auch die Kalktuffbildungen, insbesondere in Seitendobeln an kleinen Wasserfällen des Kalkgebietes (Tannegger Bach, Sturzdobel in den Flühen). Ursprünglich im Wasser gelöster Kalk fällt aus, häufig werden Tier- und Pflanzenreste eingeschlossen; diese »Versteinerungen« sind meist nicht sehr alt.

Wandert man auf einen der Ausichts-

punkte im Wutachgebiet, z. B. den Hochfirst, den Roßhag, Eichberg- oder Buchbergstutz, oder fliegt gar mit einem Flugzeug darüber, so fällt natürlich die bis 170 Meter tief eingeschnittene Schlucht auf; man erkennt aber durchaus auf höherem Niveau noch eine flachere, ehemalige Talsohle, besonders deutlich zwischen Eich- und Buchberg (Abb. oben). Wie ist das zu erklären? Man nimmt heute an, daß die Wutach erst seit ungefähr 70 000 Jahren ein Nebenfluß des Hochrheins ist, bis dahin aber – rund 200 Meter höher gelegen – Quellfluß der Donau bzw. Nebenflüßchen der Rhône-Aare-Donau war. Ursprünglich lag ihr Quellgebiet wohl im Bereich von Kandel und Jostal; mit dem Aufsteigen des Schwarzwalds als Mittelgebirge im Tertiär verlagerte es sich in das Feldberggebiet, der weitere Flußverlauf folgte größtenteils aber immer noch dem sogenannten Bonndorfer Graben nach Osten, was an den mächtigen Schotterablagerungen erkenntlich ist. (Der Bonndorfer Graben ist eine Bruchzone zwischen den Vulkanlandschaften des Kaiserstuhls und des Hegaus.) Das gleiche geologische Ereignis führte auch vor zirka fünf Millionen Jahren zu einer Umlenkung der Aare nach Westen;

Links:
Blick auf Eich- und Buchberg

Rechts:
Berühmter Liasaufschluß am Aubächle

Unten:
Buchberg-Erdrutsch vom Mai 1976

Links oben:
Nautilus-Gehäuse

Links unten:
Nautilus giganteus (∅ 12 cm)
aus dem Lias α von Mundelfingen

Rechts oben:
Staufenia staufensis (∅ 18 cm)
Dogger β, Scheffheu

Rechts außen:
Staufenia staufensis (∅ 8 cm), verkieselt,
Dogger β, Scheffheu

Rechts unten:
Arietites spec., (∅ 14 cm)
aus dem Lias α

Rechts außen:
Amaltheus margaritatus (∅ 4,5 cm)
Lias δ, Aubach

die Donau wurde ihres Quellflusses »beraubt«, und die Feldberg-Wutach trat an ihre Stelle. Doch auch das war – wie zuvor schon angedeutet – nicht von Dauer; die Wutach brach nach Süden aus, dem Hochrhein zu (ähnlich wie z. B. auch Schwarza, Mettma, Schlücht). Die Kerbe in der Rhein-Donau-Wasserscheide am damaligen Buchbergfuß wurde durch das starke Gefälle der Wutach an der Überlaufstelle immer weiter vertieft. Inzwischen ist die rückschreitende Erosion – 70000 Jahre reichten aus – bis zum Hochfirstdurchbruch bei Neustadt gekommen und hat gewaltige Geröllmassen ausgeräumt. Dabei entstanden die für die Wutach charakteristischen steilen, oft senkrechten Felswände (Rappenfelsen, Forellenfelsen usw.), die hin und wieder abstürzen, wenn sie von der Wutach genügend unterspült wurden. Das wird noch Jahrtausende so gehen, bis überall ein stabiler Böschungswinkel erreicht sein wird. Die Kraft der Erosion ist stark von der Wassermenge eines Flusses abhängig; man sieht das deutlich an den Seitendobeln, die häufig nur recht kurz sind und nicht weit von der Wutach einen kleinen Wasserfall aufweisen (Tannegger oder Boller Wasserfall); eine Ausnahme bildet die 18 km lange Gauchachschlucht, die in Schönheit und Wildheit der Wutach in nichts nachsteht.
Verfolgt man den Lauf der Wutach, so stellt man unschwer fest, daß die Wutach mehrere geologische Schichten und entsprechende Gesteine durchschneidet, die mehr oder weniger parallel laufen und nach Osten geneigt sind; die jüngsten Schichten

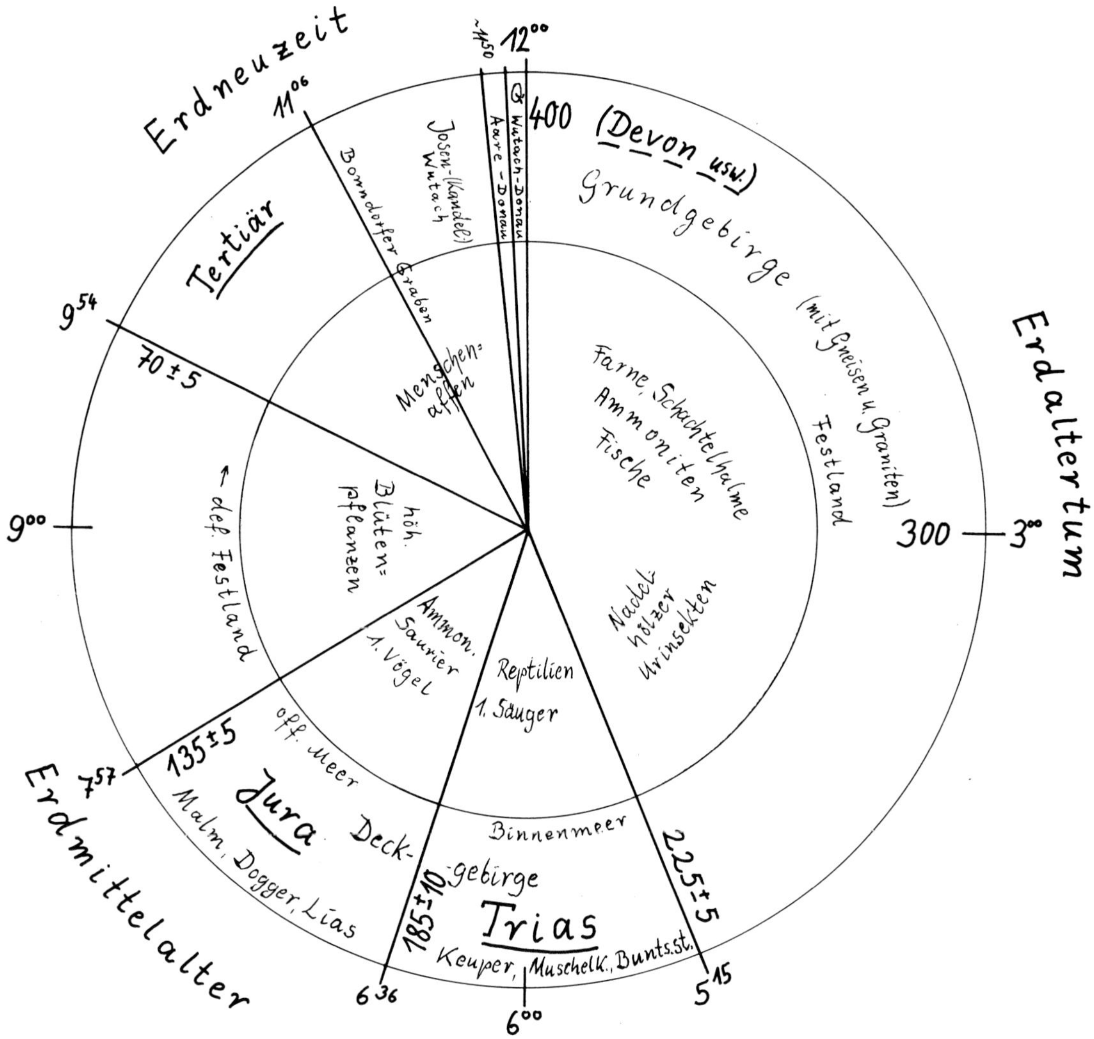

»Geologische Uhr« für den Wutachbereich

(willkürlicher) Beginn vor 400 Millionen Jahren
Zeitangaben in Millionen Jahren, Ziffern entsprechen dem wahrscheinlichen Beginn des Zeitalters vor Mio. Jahren
(Zeitangaben nach diversen Quellen gemittelt)

Weitere Zeitangaben:

Trias	5 Uhr 15
Jura	6 Uhr 36
Tertiär	9 Uhr 54
Bonndorfer Graben spätestens	11 Uhr 06
Josen-Kandel-Wutach spätestens	11 Uhr 33
Aare – Donau zwischen 11 Uhr 47 und	11 Uhr 51
Wutach – Donau	um 11 Uhr 55
Quartär	11 Uhr 56

Wutachablenkung ca. 7,6 Sekunden vor 12 Uhr.

Der Mensch (Homo sapiens) dürfte frühestens etwa um 11 Uhr 53 aufgetaucht sein.

sind am weitesten östlich gelegen (Skizze S. 90). Sie entstanden im Verlauf des Wechsels von Festland und Meer. Die älteste Schicht wird gestellt von Gneisen, Graniten und Porphyren des sogenannten Grundgebirges (oder dem Sockel der »Rumpflandschaft«), die aus dem Erdaltertum stammen, das vor 225 Millionen Jahren sein Ende fand. Der Geologe oder Mineraloge erkennt in der oberen »Urgesteinsschlucht« magmatische Gesteine aus Quarz, Glimmer und Feldspat (Granit und Porphyr) und metamorphe Gesteine (Gneise). Das Grundgebirge wurde gegen Ende des Erdaltertums völlig eingeebnet. Seine Zeugnisse treffen wir vom Quellgebiet bis etwa zum Räuberschlößle und noch einmal in der Lotenbachklamm und in Kiesgruben. – Das Erdmittelalter brachte eine fortschreitende Ausdehnung der Meere und damit eine Überflutung der Rumpflandschaft; unser Gebiet wurde allerdings im letzten Drittel des Erdmittelalters, vor ungefähr 150 Millionen Jahren, endgültig Festland. Die Meere sorgten für die Ablagerung von weiteren Schichten, das sogenannte Deckgebirge (über dem Grundgebirge): Es besteht vor allem aus Sedimentgesteinen, zusammengepreßtem Schutt, Geröll, Sand und Ton, sodann aus physikalischen, chemischen und organischen Niederschlägen wie Steinsalz, Gips, Anhydrit, Mergel, Kalk, Dolomit, versteinerten Schalen oder Skelettresten von Tieren.

Buntsandstein kommt bis knapp unterhalb der Schattenmühle vor. Von der Glockenwiese bis etwa zur Gauchachmündung durchwandert

Großloch

man die Muschelkalkschlucht (dort finden sich auch die sogenannten Trochitenkalke aus Stieltrommeln von Seelilien aus dem Tierstamm der Stachelhäuter). Oberhalb und unterhalb der Wutachmühle begleitet uns der Keuper mit marinen und kontinentalen Ablagerungen. Bei Aselfingen erreichen wir nach dem Lias die Doggerlandschaft, während wir schon zu Eich- oder Buchberg hinaufsteigen müssen, um zur obersten Juraschicht, dem Malm, zu gelangen. In den tiefer gelegenen Flühen begegnen wir nochmals dem Muschelkalk; der darüber aufsteigende Randen vertritt wieder den Jura.

Der Paläontologe und Fossiliensammler wird den weltberühmten Lias-Aufschluß am Aubächle (Abb. S. 85) sicher nicht ohne irgendeinen Fund verlassen. Ich selbst habe im Sommer 1980 einmal ungefähr eine Stunde lang gesucht – das »kleine« Sammlerglück war mir hold dabei: Ein 2 kg schweres »Belemnitengrab« und einige zentimetergroße Ammonitenbruchstücke bildeten das Ergebnis meiner Suche. Doch fast könnte mich der Neid packen, wenn ich die »Wutach-Sammlung« meines Schwagers Manfred Hettich in Villingen betrachte: Da liegen »zentnerweise« die schönsten Ammoniten, Nautiloiden, Muscheln und Schnecken aus Trias und Jura – das Sammelergebnis von Jahrzehnten – im zum »Museum« umfunktionierten Keller. Ich habe sie wenigstens fotografieren dürfen (Abb. S. 87). Nachdem mein Schwager mein großes Interesse an diesen »Schätzen« gesehen hatte, schrieb er

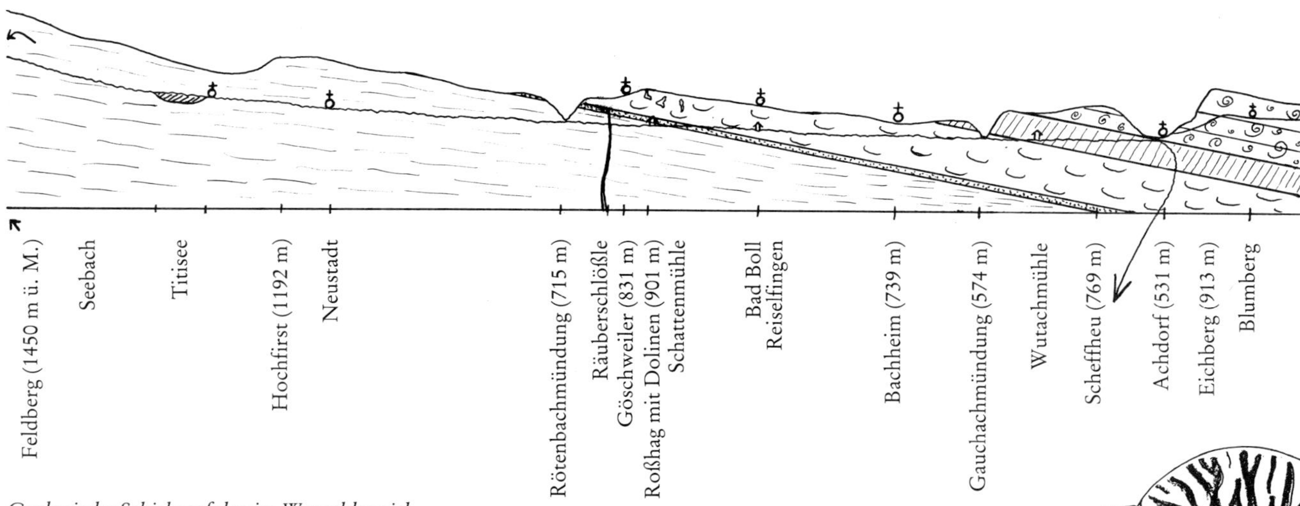

Geologische Schichtenfolge im Wutachbereich
(stark vereinfacht und überhöht, nicht ganz maßstabsgerecht)

Grundgebirge aus Urgestein: Gneis und Granit . . . .

Deckgebirge aus Sedimentgestein: Trias, ca. 375 m:
- Buntsandstein, ca. 25 m . . . .
- Muschelkalk, ca. 200 m . . . .
- Keuper, ca. 150 m . . . .

Jura, ca. 430 m, ursprünglich ca. 650 m . . . .

(Lias, Dogger, Malm nicht besonders gekennzeichnet; Lias ca. 50 m, Dogger ca. 250 m, unterer Malm ca. 130 m)

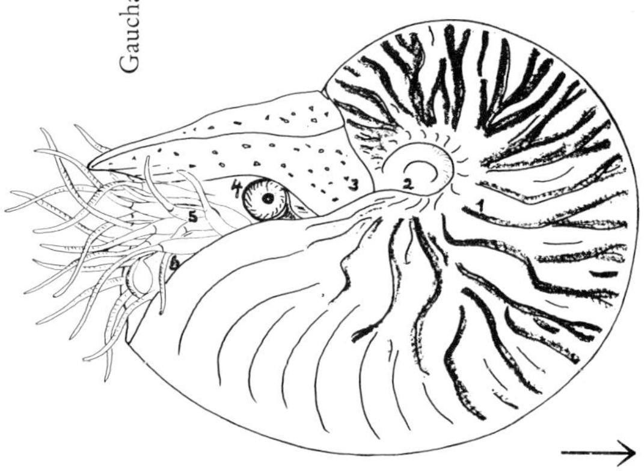

Nautilus spec., »Perlboot«
(rezent; »lebendes Fossil« unter den »Kammerschnecken«, bzw. Cephalopoden = Kopffüßern)
Pfeil: Schwimmrichtung

1 gekammertes, gas- und flüssigkeitsgefülltes Gehäuse mit Sipho
2 »Nabel«
3 Kopfschild
4 Stielauge (Lochaugentypus)
5 Fangarme mit »Hülsen« (ca. 82–90)
6 Zweiteiliger Trichter

mir einmal folgende Zeilen: »Meine erste Begegnung mit der Wutachschlucht hatte ich Anfang der 50er Jahre. Ich fuhr mit meinem Vater auf einer ›Zündapp‹ nach Achdorf, zum Ausgangspunkt unserer Entdekkungsreise in die erdgeschichtliche Vergangenheit... Wir trafen einen alten Mann, in dessen Antlitz Sonne, Wind, Wetter und Sorgen tiefe Spuren eingegraben hatten. Wir kamen ins Gespräch, dabei stellte sich heraus, daß er Landwirt und Stollenmeister in den Doggererzbergwerken von Blumberg war. Wir hatten einen Fachmann getroffen, der uns nicht nur die Wege zu den Fundschichten zeigte, sondern auch die Begeisterung für das Sammeln der Fossilien in uns weckte. Er erzählte von Fundstellen, die nur er selber kannte und an denen nur wenige Zentimeter starke Ablagerungen mit goldglänzenden Ammoniten vorkämen. Dabei leuchteten seine gutmütigen Augen... Unzählige Male durchstreiften wir die vielen kleinen Nebenschluchten abseits der Wanderwege. Und überall vom Schwarzen Jura bis hinauf in den Weißen gab es etwas zu finden. Alles, was wir als Ausbeute nach Hause schleppten, sei es auf dem Motorrad oder per Fahrrad, wurde im Winter präpariert. Meine Mutter sah großzügig darüber hinweg, daß ihr Keller immer kleiner wurde. Und trotzdem blieben wir Amateure und wurden keine Profis in Sachen Fossi-

»Belemniten-Grab«
(B. paxillosus) – Lias α

Calcit-Kristalle
(6–8 cm hoch)

lien. Ich verabscheue es, wenn man heute sogenannte Sammler mit tragbaren Generatoren und Preßlufthämmern an den Klopfstätten antrifft oder wenn gar ganze Wände gesprengt werden. Hier wurde von geschäftstüchtigen Leuten eine Marktlücke in Sachen Freizeit entdeckt, auch die Preise auf den Mineralien-Auktionen sprechen dafür. Diese Ausschreitungen werden künftig hoffentlich eingedämmt. Hier muß der Naturschutz hart durchgreifen. Bleiben werden dann immer noch genügend Fundstellen für spätere Generationen, für Menschen, die das Sehen nicht verlernt haben, denen der Sinn nicht abhanden gekommen ist für eine Freizeitgestaltung, die nicht mit Geld aufzuwiegen ist. Mögen hoffentlich viele das Glück empfinden, das mir diese einzigartige Wutachschlucht geschenkt hat.«

Am bekanntesten unter den Wirbellosen-Fossilien sind sicher die Ammoniten, versteinerte Gehäuse von längst ausgestorbenen Kopffüßern mit einer ersten »Blüte« im Trias und einer zweiten in Jura und Kreide, von denen es zirka 9000 Arten gibt. Der Name leitet sich vom Widdergehörn ab (der ägyptische Gott Ammon wurde mit Widderhörnern dargestellt). Die Ammoniten sind verwandt mit den heutigen Tintenschnecken (»Tintenfische«). Wie mögen die lebenden Tiere einst ausgesehen haben? Eine Vorstellung davon können die noch heute vorkommenden Perlboote der Gattung »Nautilus« geben. Man bezeichnet sie als »lebende Fossilien«, und sie haben etliche Merkmale gemeinsam mit den Ammoniten: Am auffälligsten ist das gekammerte Gehäuse (daher auch der Name Kammerschnecken (Abb. S. 86). Beim Größenwachstum der Tiere werden von Zeit zu Zeit neue Kammern angelegt; in der vordersten lebt das Tier, die nach hinten liegenden sind durch Scheidewände abgetrennt, können aber mittels eines Siphos mit Gas und Flüssigkeit gefüllt werden, was den Auf- und Abstieg im Meer (oft bis in 650 m Tiefe) erleichtert. Die Tiere haben 82 bis 90 Fangarme ohne Saugnäpfe, die teilweise in einen Schaft zurückgezogen werden können (Ammoniten hatten nur acht bis zehn Arme), einen schön gemusterten Kopfschild, einfache, große Augen auf einem Stiel (im Gegensatz zu anderen Tintenschnecken, die hochentwickelte Augen haben), einen Manteltrichter zur Fortbewegung nach dem Rückstoßprinzip, während ein Tintenbeutel fehlt, der bei den Ammoniten vorhanden war (s. Skizze S. 90).

Längst nicht so attraktiv wie die Ammoniten sind die Belemniten (versteinerte Teile eines Innenskeletts von Kopffüßern; s. Abb. S. 91) für den Sammler, aber dafür haben sie besonders hübsche volkstümliche Bezeichnungen: Donnerkeile, Hexenpfeile, Gewittersteine, Schrecksteine, Teufelsfinger, Gespensterkerzen, Mahrenzitzen, Luchssteine.

Übrigens wurden Fossilien ganz allgemein im Mittelalter als Zeugnisse der Sintflut angesehen.

Noch ein Wort zum Klima des Wutachgebiets: Ich habe bei meinen vielen Besuchen immer wieder feststellen können, daß es dort oben offenbar zwei Wetterscheiden gibt – eine west-östliche entlang des Bonndorfer Grabens und eine nord-südliche, entsprechend dem Schwarzwaldtrauf. So habe ich mich zum Beispiel mehr als einmal geärgert, wenn ich bei Göschweiler etwas fotografieren wollte und dauernd bewölkten Himmel hatte, während drüben Boll oder Ewattingen den ganzen Tag in der Sonne lagen.

Ein anderes Phänomen ist bestens bekannt: Die Inversionslagen im Herbst und Frühjahr. Unten in der Rheinebene kalt und dichter Nebel, oben herrliche Sonne und prächtige Alpensicht – von der Zugspitze bis zum Mont Blanc (besonders gut vom Roßhag und von Bonndorf aus zu sehen)!... Allerdings können im Winter auch ganz schön kalte Winde über die Baar fegen, dann ist es unten in der Schlucht meist ein paar Grad wärmer, da die Winde die Talsohle nicht erreichen. Sehr auffällig sind auch die Temperaturunterschiede zwischen Nord- und Südhängen der Schlucht. An den nach Süden exponierten Hängen hat man schon Temperaturen wie am Kaiserstuhl gemessen (Bodentemperaturen bis 67 Grad), während die im Schatten liegenden Nordhänge deutlich kühler sind (Vorkommen von sogenannten Eislöchern). – In den hochsommerlichen Flußauen herrscht manchmal ein regelrechtes Treibhausklima, was mich durchaus an Wanderungen in Schluchten des nepalesischen Himalaja erinnerte; nur habe ich bei meinen Wanderungen in der Wutachschlucht mit schwerem Fotogepäck leider keinen Sherpa oder Träger zur Verfügung gehabt...

Verlauf der Wutach

Die Tücken der wilden Wutach – da hilft auch keine Eskimorolle mehr

Im nachfolgenden gebe ich in kurzen Stichworten einige Charakteristika des Wutachgebietes wieder, die für den Leser und Wanderer von Interesse sein dürften.

Länge der Wutach vom Feldsee zur Mündung: rund 90 km.
Höhenunterschied vom Titisee bis Waldshut: 530 m.
Länge der Erosionsschlucht: 28 km, davon 10 km im Urgestein und 12 km im Hauptmuschelkalk.
Gauchachlänge: 18 km.
Quellgebiet am Seebuck bzw. Grüble (Feldberg 1450 m); Vesperstation im Keller vom »Feldberger Hof«, dort »Kästle« zur Erinnerung an den Skipionier Professor Franz Kohlhepp – einen Bruder meines Großvaters. Schöner Wasserfall zum Feldsee (32 m tief, s. Abb. S. 24/25), der durch eine eiszeitliche Gletschermoräne aufgestaut wurde; meist zu kalt zum Baden. Der Seebach ist nur noch ein kümmerliches Rinnsal, weil ihm das Wasser abgezapft wird (für die Schluchseewerke). – Der Titisee: Brennpunkt des Tourismus, trotzdem schön. Ab da heißt unser Fluß zunächst Gutach: stellenweise Urbild eines gemütlichen Wiesenbaches. Gutach-Viadukt bei Neustadt: Musterbeispiel für eine mögliche Harmonie

Rümmelesteg aus der Vogelperspektive

zwischen Natur und Technik oder »Faust auf's Auge«? – An der imposanten Eisenbahnbrücke (Steinbrücke von 64 m Spannweite) bei Kappel beginnt das Naturschutzgebiet Wutach-Gauchachschlucht.

Von der Haslachmündung ab wird der Fluß Wutach genannt. Wutach, d. h. »wütende Wasser« (»-ach« von lat. aqua). Ein Abstecher zum Urseemoor, Hölloch- und Rechenfelsen (s. Abb. S. 30) in der Haslachklamm ist lohnend. – Nahe der Rötenbachmündung stehen einige Prachtexemplare von Nadelbäumen. – Schließlich erreicht man den ehemaligen Stauweiher und das Fürstenbergische E-Werk Stallegg (1980 stillgelegt). In der Nähe kann man auch eine Riesentanne (49 m hoch) bewundern, die das stolze Alter von 250 Jahren haben soll. – Stallegger Brücke mit interessanten Inschriften (Abb. S. 122); versteckt die Ruine Stallegg.

Jetzt wird die Urgesteinsschlucht wildromantisch, eng, felsverblockt, mit gischtenden Stromschnellen (s. Abb. S. 33). Zufluß des Reichenbächles.

Steil über der Wutach auf dem Nägelefelsen (einer alten Porphyrader) ehemals die Burg Neu-Blumegg; nach der Zerstörung angeblich Schlupfwinkel für Gesindel: daher der Name »Räuberschlößle«; tief unterhalb ein Wutachsteg.

Schattenmühle: Gasthaus / Pension, Bushaltestelle; Sägewerk. Obligatorischer Besuch in der Lotenbachklamm (s. Abb. S. 35). Schelmenhalde mit interessanter Flora, Karstspalten und -löchern. – Flußab beim Wegdurchstich Buntsandsteinaufschluß. Die Glockenwiese, früher eine üppige Blumenwiese, jetzt bedauerlicherweise artenverarmt. Ab hier Muschelkalk.

Im Walde versteckt die Trümmer der alten Dietfurter Mühle (Sägewerk und Gipsmühle) am Fuße des berüchtigt steilen Sträßchens, das zur Wutachfurt bzw. -brücke (letztere von 1614 bis 1632) führte. Reiselfinger Kreuzweg mit kaum mehr erkenntlichen 14 Stationen; Gaisloch. – Rappenfelsen mit schöner Aussicht und Ruhebänkle. In der Nähe ein isolier-

ter Felsen, volkstümlich »Liebesinsel«, von ähnlicher Bestimmung die »Niklashöhle«. – Interessante Höhlen: Knochen- und Großloch, Eisbärenhöhle; weiter unten das Münzloch. Bitte Fledermäuse nicht stören! Sie sind vom Aussterben bedroht. – Dietfurter Wiesen mit offiziellem Grillplatz, Brunnen und hübschen Wurzeltischen; Brücke. – Felsabbruch: vormals »durchlöcherter Felsen«, jetzt »Drei Zinnen« genannt.
Ruine Boll oder Neu-Tannegg oberhalb der Gebäude des Badhofs Bad Boll, ehemals Heilbad und Hotel am Ufer des besten Forellenwassers Mitteleuropas – »es war einmal...«. Alte Parkanlagen noch zu erkennen, Wutachsteg. Schöne Allee mit alten, bemoosten Bäumen. Ruine (Alt-)Tannegg, Felsenweiher, Tannegger Bach und Wasserfall, prächtige Kalktuffablagerungen. Kostenlose Dusche. – Interessante Muschelkalkaufschlüsse am Amsel- und Großen Kanzelfelsen (s. Abb. S. 57). – Beginn des eigentlichen Ludwig-Neumann-Wegs des Schwarzwaldvereins; hübsche Eulen-Wegweiser. »Pestwurzurwälder« zur Sommerzeit. – Berühmte Szenerie am Engländerfelsen – Vorsicht, Absturzgefahr, vor allem bei schlechtem Wetter und schlüpfrigem, glattem Weg; auch »Baumgeschosse« fahren manchmal ab! – Am Eingang zum Wutachgraben die zentrale Raststätte, die Hermann-Schurhammer-Hütte, betreut von H. Mayer (Münchingen). – Vorbei am Immenloch, am Großen und Kleinen Forellenfelsen (s. Abb. S. 74), an einem alten, baufälligen Steg, an der Wutachversickerung (nur bei trockenem Sommerwetter sichtbar). – Erdrutsch, Rümmelesteg und -felsen (beliebte Fotomotive, s. Abb. S. 77). – Wutachsteg mit schönem Blick auf den Josefsfelsen: beim Josefsfelsen Erdrutsch und »elfstämmige« Buche (in Wirklichkeit 12 Stämme . . .). – Wiederaustritt der Wutach.
Gedenktafel: »Im Leben war er recht. Er stand in Bachheim als Knecht. Ist von hier oben abgestürzt. Und hat so sein Leben sich verkürzt. Der Lorenz Venus von Unadingen. An Allerheiligen 1907.«
Linkes Ufer: Schmale Felsgalerien, im Winter gefährliche »Eisfälle«. – Gauchachmündung und -steg, Wechsel in das Keupergebiet.

Gauchach
Steg Richtung Neuenburg (Gasthaus), sehr interessanter Waldlehrpfad, Burgmühle (Naturfreundehaus). – Reste einer Pumpstation und der Bimühle. – Eingang in die Engeschlucht (meist sehr wenig Wasser wegen Versickerung). – Hübsche Wasserfälle, enge Passagen in der Gauchach. – Ruine der Lochmühle. Darstellung des Hochwassers von 1804 und 1895 auf dem Heiligenbild der Grünburgkapelle (Abb. S. 119). Guggenmühle, Posthalde, Eulenmühle; Quelle in den weiten Forsten der Langen Allee.

Zurück zur Wutach:
Burgreste auf dem Hörnle; ein schönes Anwesen: die Bachtalmühle.
Wutachmühle: Gasthaus, Sägewerk, Bushaltestelle. Bruderhof. – Oberhalb der Wutach die Ruine Harteck (Richtung Mundelfingen). Übergang vom Keuper über den Lias (weltberühmter Aufschluß am Aubächle bei Aselfingen) zum Dogger. – »Buckellandschaft« am Scheffheu und bei Überachen – große Erdrutsche noch sehr deutlich. – Milde Kulturlandschaft bei Achdorf; Gasthaus »Scheffellinde«. Abstecher ins Krottenbachtal (Eschach usw.) zum Eichberg und Buchberg, mit grandiosem Blick ins weite Land, nach Blumberg – eine Fahrt mit der Museumsbahn (»Sauschwänzlebahn«) nicht vergessen! – und nach Fützen, das alte »St.-Vitus-Heim«; dort früher Weinbau! Pest 1611. Schöner, moderner Fasnachtsbrunnen. Weiter ins Randengebiet.
Über das »Wellblechsträßle« zu den letzten Resten der 1891 zerstörten Moggerenmühle. – Schöne Wanderwege und -pfade durch die »Flühen«. Schmale Felsgalerien, Sackpfeifer- und Sturzdobel mit bizarren Kalktuffgebilden, spitze Felsnadeln; der sagenumwobene Lunzistein (»Brautfluh« genannt), von dem sich im Mittelalter angeblich eine von Feinden bedrohte Braut in den Tod gestürzt hat (s. Abb. S. 72). An den Felsen von Blumegg »geht die Welt zu Ende«, so hieß es früher bei den Einheimischen... Bei Blumegg der beste Blick auf die Flühen (Felswände des Muschelkalks; s. Abb. S. 71).
Eisenbahnviadukt, Fotostandpunkt für Liebhaber von alten Eisenbahnen (s. Abb. S. 120). – Grimmelshofen, Auäcker und Seldengraben, Weizen mit Kalkwerk.
Stühlingen mit Schloß Hohenlupfen. Tiengen und die Mündung in den Hochrhein bei Waldshut.

Fauna des Wutachgebietes

Ein junges Füchslein wagt einen kurzen Ausflug in die nähere Umgebung seines Baues

Fledermaus im Winterschlaf (Großes Mausohr). Hunderte von Kondenswasserperlen glitzern im Fell

Von einem Naturschutzgebiet erwartet man, daß einem die Tiere in Scharen über den Weg laufen. Das wäre zwar schön, aber abgesehen von Wildparks gibt es das in unserer geordneten und durchzivilisierten Heimat nirgends mehr. Und gerade die Tierwelt des Wutachgebietes, die auf 10000 verschiedene Arten geschätzt wird, scheint überwiegend ein besonders heimliches Leben zu führen. Allerdings eine »species« ist sehr häufig zu beobachten: Ich habe einmal in der Gauchachschlucht in drei Stunden 200 »Exemplare« der Art »homo sapiens« gezählt... Das Rehwild der Wutach ist daher sehr scheu. Gemsen konnte ich einige Male zwischen den steilen Felsen beobachten. Aber das ist ein ziemlicher Glücksfall, denn ein mir bekannter Jäger berichtete, daß sie die »Nomaden« unter den Wildtieren, also weniger an feste Wechsel, Einstände oder Äsungsplätze gebunden seien. »Raubwild« ist genauso selten geworden wie anderswo auch. (Leider konnte man sich bisher noch nicht allgemein dazu entschließen, Fuchs, Dachs, Marder usw. in Analogie zu den Greifvögeln »Greiftiere« zu nennen, obwohl man inzwischen sehr wohl weiß, daß sie für das biologische Gleichgewicht genauso wertvoll sind wie Bussard, Habicht, Milan, Falke.)

Einen besonderen Abschnitt möchte ich den Fledermäusen widmen. Es sind faszinierende Tiere! Im Winter 1979/80 fand ich in verschiedenen Höhlen, die als Winterquartier dienen, drei Tiere (darunter die kleine »Mopsfledermaus«), 1980/81 nur zwei Tierchen (allerdings hatte in einer der Höhlen ein Wassereinbruch stattgefunden, so daß die Wände völlig vereist waren und sie damit als Überwinterungsplatz weitgehend ausschied). Im Januar schlafen die Fledermäuse noch tief; Ende Februar sind sie dann schon meist mit Kondenswasserperlen dick überzogen (s. Abb. S. 96). Es kann sein, daß sie infolge der Störung anfangen zu zittern. Dann sollte man sich zurückziehen, denn ein vorzeitiges Aufwachen und Umherflattern der Fledermäuse während der winterlichen Kälte bedeutet für sie hohen Energieverlust und damit den sicheren Tod. Das sollte unbedingt vermieden werden, denn durch die allgemein bekannte Verkleinerung ihres Lebensraumes und durch die Belastung mit Schadstoffen (Insektizide usw.) werden auch die Fledermäuse immer seltener. (Insbesondere wirkt sich das Fehlen von ungestörten Plätzen für die »Kinderstube« und die Überwinterung der Tiere verhängnisvoll aus!) Sie stehen daher auf der »Roten Liste« der bei uns vom Aussterben bedrohten Tierarten! Man kann ihnen helfen z. B. durch Anbringen von Fledermauskästen (ähnlich wie Vogelkästen – Auskunft und Bezug z. B. durch B.U.N.D. Freiburg). – Als kleinem Jungen wurde mir weisgemacht, daß sich Fledermäuse leicht in den Haaren verfingen und gefährlich seien – das ist blanker Unsinn! Man hat Experimente gemacht und dabei herausgefunden, daß Fledermäuse ein höchst erstaunliches Orientierungssystem besitzen (ähnlich übrigens wie auch Delphine). Sie stoßen beim Flug sehr schnell Ultraschalltöne aus, die von der Umgebung reflektiert werden (Echo). Mit ihren großen Ohrmuscheln können sie die zurückgeworfenen Töne auffangen, sie äußerst schnell auswerten und so regelrecht ein »akustisches Bild« ihrer Umgebung erhalten – ein Bild von Hindernissen, Feinden oder Beutetieren (kleinen Insekten).

Der Wanderer wird in erster Linie seine Freude an der Vogelwelt des Wutachgebietes haben; da gibt es relativ viel zu sehen und zu hören. Wagt man sich einmal im Winter in die tief verschneite und an vielen Stellen stark vereiste Schlucht hinab, so kann man den klaren, abwechslungsreichen Gesang eines Vogels hören: Die fröhlichen Strophen stammen von der Wasseramsel (volkstümlich »Wasserschwätzer«, s. Abb. S. 53, genannt), die leicht zu erkennnen ist an ihrem weißen Brustlatz, den Knicksbewegungen (ähnlich wie sie der verwandte Zaunkönig ausführt), dem schnurrenden Flug und den Tauchkünsten, die bis zu 30 Sekunden dauern können. Sie kann unter Wasser mit den kurzen Flügeln rudern – sie hat keine Schwimmhäute an den Füßchen – und selbst in kleinen Stromschnellen auf dem Wassergrund laufen, um Wasserinsekten zu jagen. Manchmal hat sie ihr Nest hinter Wasserfällen.

Zaunkönig und Goldhähnchen sind die Zwerge unter unseren heimischen Vögeln (5–6 g schwer). Als ich einmal das hübsche, kugelige Nest aus Moos und Ästchen eines Zaunkönigs in einer umgestürzten Fichte entdeckt hatte und – glücklicher Zufall – beobachten konnte, wie die flüggen Jungen ihren ersten Ausflug machten – ein Junges nach dem anderen hüpfte aus dem Nest und schlüpfte flink durch das Gezweig –, wurde ich von den Alttieren in Reichweite umkreist. War dies ein Zeichen von Zutraulichkeit? – Die kleinen Zaunkönige sind so hervorragend in Farbe und Muster getarnt, daß man sie, wenn sie nur wenige Sekunden aus dem Blick gelassen werden, nicht mehr wiederfindet, und so fühlen sie sich scheinbar recht sicher. Nicht viel größer als unsere kleinsten Vögel ist ein zierlicher Vertreter der bunten Meisenschar: das »Pfannenstielchen« (9 g schwer); wegen ihres langen Schwanzes wird die Schwanzmeise so genannt. Man kann sie im zeitigen Frühjahr in kleinen Schwärmen durch das Geäst turnen sehen. Kleiber und Baumläufer (letzterer ist auch sehr gut getarnt und meist erst zu hören, bevor man ihn sieht) sind relativ häufig in der Wutach- und Gauchachschlucht.

Noch im Winter sind die Rufreihen und »Trommelzeichen« der Spechte weithin zu hören, vor allem von Bunt- und Schwarzspecht (letzterer ist wesentlich scheuer als der kleinere Buntspecht, s. Abb. S. 45), jeder mit eigenem Rhythmus und Klang. Ab und zu wird man einen Specht auch im charakteristischen Bogenflug abstreichen sehen; häufig zu finden sind sogenannte Spechtschmieden. Wenig scheu soll der Tannenhäher sein; das scheint mir aber für das Wutachgebiet nicht zuzutreffen. Lediglich wenn er Junge führt, ist er dann und wann zu beobachten. Indessen kann man ihn im dichten Nadelwald gar nicht so selten hören, vorausgesetzt, man kennt seinen Ruf. Ein durchaus melodisches Gekrächze kündigt den Kolkraben an, der erfreulicherweise in der Wutach wieder vorkommt. Er ist unser größter Rabenvogel, dem die meiste Intelligenz innerhalb der heimischen Vogelwelt nachgesagt wird (ich verweise auf die Veröffentlichungen des Nobelpreisträgers Konrad Lorenz). Übrigens ist die Bezeichnung »Rabenvater« recht irreführend, denn der Kolkrabe betreibt eine intensive Brutpflege (viele menschliche Schimpfwörter sind ja eher Beleidigungen für die Tiere...). Recht laut kann es bei der Kuckucksbalz zugehen. So habe ich einmal drei Kuckucke bei Revierstreitigkeiten in der Nähe von Ewattingen beobachtet, deren Stimmen sich vor Erregung geradezu überschlugen.

Der Pirol oder Vogel »Bülow« (lat. »oriolus« – man beachte jeweils Fall die Lautmalerei), auch »Pfingstvogel« genannt – er kommt spät und fliegt früh wieder nach Süden –, wurde bisher in der oberen Wutach angeblich nicht beobachtet. Ich habe ihn aber bei Tiefental/Bonndorf durch Imitation des »Bülow-bülow« provoziert, mir zu antworten.

Nicht minder bunt und prächtig gefärbt ist der leider sehr, sehr selten gewordene Eisvogel (s. Abb. S. 63). Die schmutzigen und giftigen Abwässer haben ihn größtenteils vertrieben. Das ist sehr schade, denn auch schon strenge Winter können ihn stark dezimieren. So waren 1962 in Deutschland etwa 340 Brutpaare bekannt. Nach dem harten Winter 1962/63 nur noch ca. 50 ...! (In Südbaden gab es in den letzten Jahren vielleicht ein

Wenige Gramm schwer, ein junges Goldhähnchen

Dutzend Brutpaare.) – Leider ist erst vor geraumer Zeit die Verhaltensbiologie des Eisvogels etwas genauer bekanntgeworden: Ursprünglich als »Fischschmarotzer« bekämpft, weiß man inzwischen, daß er nützlich ist. Er »jätet« sozusagen das »Unkraut« aus Edelfischbeständen, nämlich Weißfische und Stichlinge, die Forellenbestände »überwuchern« können; außerdem erwischt er bei seinen vielen, oft vergeblichen Tauchversuchen zuerst die kranken Fische und obendrein noch schädliche größere Wasserinsekten, so z. B. den Gelbrandkäfer. Übrigens kann man Forellenzuchtanstalten erfolgreich schützen, indem Fäden oder Netze über die Anlage gespannt werden; ein Abschuß indes wäre völlig sinnlos, denn andere Eisvögel rücken bald nach!

Eine weitere Kostbarkeit des Wutachgebiets sind die Rauhfußhühner, die man kaum je zu Gesicht bekommt. Ich hatte das Riesenglück, einmal ein Haselhuhn und mehrmals Auerwild zu sehen und – dank der freundlichen Unterstützung von Förstern – die Auerhahnbalz (s. Abb. S. 29) zu erleben. Diese »Auerhahnväter« sind sehr ökologiebewußt; ihnen sind die Erhaltung und der Artenreichtum der Natur sowie das biologische Gleichgewicht mehr wert als schneller Profit aus eintönigen Monokulturen und wichtiger als übertriebene Ökonomisierung der Forstwirtschaft. Ein typisches Beispiel solcher Verunstaltung der Natur scheint mir der überzogene Wegebau zu sein, wobei jeder Hektar Wald oft einzeln mit einem Fahrweg erschlossen wird. Dies bringt übrigens auch eine größere Lärmbelästigung und mehr Unruhe durch Touristen mit sich, denen gegenüber vor allem das Haselwild sehr empfindlich reagiert. Ganz allgemein können häufige Störungen dazu führen, daß Hennen ihre Bruttätigkeit ganz abbrechen oder zu spät zum Gelege zurückkehren oder daß für die Jungen nicht genügend Zeit zu ungestörter Nahrungssuche bleibt. Bei schlechtem und kaltem Wetter können die Jungvögel verklammen oder eine leichte Beute von Greiftieren werden. Das wäre alles nicht so katastrophal für die Auerwildbestände, wenn es noch mehr geeignete Biotope gäbe: ökologisch gesunde Mischwälder mit alten Bäumen (für die Balz), genügend Unterholz als Versteck für die Küken, genügend lichten Stellen mit Beerensträuchern (vor allem Heidelbeeren, die nicht geraffelt werden) und Ameisennestern. Leider werden ja Ameisenburgen von unvernünftigen Mitmenschen noch immer mutwillig zerstört. Dadurch wird nicht nur dem Wald geschadet (Ameisen als »Gesundheitspolizei« des Waldes, kostenlose »Schädlingsbekämpfung«), sondern auch dem Auerwild. Wie kommt das? Angeblich »baden« die Vögel in Ameisennestern, wodurch sie sich der chemischen Abwehr, der versprühten Ameisensäure, aussetzen – die Wirkung ist vergleichbar mit der eines Insektensprays gegen Ungeziefer im Gefieder. Weiterhin werden Ameisen gefressen, Ameisenpuppen sind sicher auch ganz nahrhaft für die Küken. Was dient noch als Nahrung außer Kerbtieren? Im Sommer werden vor allem Beeren und Laub, im Winter große Mengen von Rinde, Knospen und Nadeln vertilgt. Der Aufschluß der zellulosehaltigen Nahrung erfolgt mit Hilfe von sogenannten Weidkörnern (15–30 g Sandkörner) im kräftigen Muskelmagen und von Symbionten – von Lebewesen also, die mit anderen zu wechselseitigem Nutzen zusammenleben – im besonders langen Blinddarm (der zähklebrige, schwarzbraune Blinddarmkot wird »Falzpech« genannt).

Während die Rauhfußhühner ein sehr heimliches Leben führen, sind einige Vertreter der Greifvögel geradezu sichtbare Wahrzeichen der Wutachlandschaft geworden: Bussarde und Gabelweihen (s. Abb. S. 66). Es ist ein herrliches Bild, wenn im Herbst oder Frühjahr bis zu einem Dutzend Greife in der Thermik (»Bärte« sagt der Segelflieger) ohne einen Flügelschlag aufsteigen und, wenn sie genügend Höhe gewonnen haben, zu Flugspielen übergehen. Im Frühjahr 1980 konnte ich in den Flühen eine reizvolle Beobachtung machen: In der Thermik schwebte ein Schwarzer Milan, ein Roter mit tief gegabeltem Schwanz gesellte sich dazu. Plötzlich schoß über die Felswände ein Wanderfalke (unverwechselbares Flugbild), nach einigen Sekunden ein zweiter – wohl ein Pärchen –, und beide schlossen sich für eine kurze Zeit den Gabelweihen in dem Aufwind an und stiegen ebenso wie diese ohne Flügelschlag rasch hoch – es muß ein sehr kräftiger »Bart« gewesen sein. Dann stürmten sie wieder in die Richtung davon, aus der sie gekommen waren, während die Milane noch weiter in der Thermik segelten, bis sie dem Blick entschwanden. Leider sind solche Erlebnisse äußerst selten, denn der Wanderfalke ist bei uns schon fast ausgestorben: Seine Fruchtbarkeit ist vermutlich durch die Aufnahme von akkumulierten Pestiziden (Schädlingsbekämpfungsmittel) vermindert, und der Bruterfolg wird durch gewissenlose Eiersammler, illegale Tierhändler und »Falkner« gefährdet. (1980 wurde im Schwarzwald trotz Bewachung ein Horst mit vier Jungen ausgenommen; man hat mir versichert, daß die Bewachung ab 1981 verschärft wird, falls der Falke überhaupt wieder brütet.)

Um Sperber und Habicht steht es auch nicht allzugut. Ich habe sie nur selten gesehen. Der Habicht wird – neuerdings zusammen mit dem Bussard – z. B. auch für die Abnahme von Rebhuhnpopulationen verantwortlich gemacht. Dabei ist längst wissenschaftlich nachgewiesen, daß er höchstens überzählige Rebhähne »abschöpft«, Rabenkrähen und Elstern aber kurzhält. Im Winter schlägt er kaum Rebhühner, da sich diese dann zusammenscharen und eine erhöhte Wachsamkeit zeigen. Hauptursache für den Rückgang der Rebhühner (auch auf der Baar) sind wiederum die Pestizide und die Verarmung der Biotope an deckungbietendem Feldgehölz und -gebüsch, was von Jahr zu Jahr schlimmere Ausmaße annimmt. Diesen Vorwurf kann man unseren Landwirten, Straßenbauern usw. nicht ersparen. (Hinzu kommt noch das unsinnige und auch verbotene Abflämmen.)

Gefreut habe ich mich, wenn ich auf den Feldern beiderseits der Wutach ab und zu die Wachtel schlagen hörte. Dabei fiel mir jedesmal eine Stelle aus Beethovens »Pastorale« ein, in der der Komponist neben Nachtigall und Kuckuck auch die Wachtel mit ihrem »Pickwerlill« musikalisch in Erscheinung treten läßt. Eigentlich bei jeder Wutach-Baar-Wanderung kann man interessante, schöne Vögel beobachten und belauschen, seien es Neuntöter im Schlehdorngebüsch, Scharen von Wacholderdrosseln auf Feldern oder in Büschen, Kreuzschnäbel in hohen Fichten oder wippende Gebirgsstelzen am Wasserlauf. Irgendwo hört man vielleicht auch das melodische »Sipp, sipp, sipp, sipsip, sirr« – »Diu diu« des Waldlaubsängers oder in der Abenddämmerung das »Huhuhu« des Waldkauzes.

Die Geschichte des Gänsesägers ist schnell erzählt: Von Menschen wurde er aus der Wutach vertrieben, sein letztes Gelege 1964 durch Steinwürfe zerstört; seit Jahren konnte er nicht mehr beobachtet werden. Ein wahrer Jammer!

Für den Graureiher (s. Abb. S. 55) gilt bezüglich seiner angeblichen Fischereischädlichkeit Ähnliches, was ich schon beim Eisvogel dargelegt habe. In Neustadt wurde sogar behauptet, der Graureiher verkonsumiere pro Tag ein Kilo Fisch und mehr (richtig ist: durchschnittlich 330 g Nahrung pro Tag, davon zwei Drittel schädliche Insekten und Kleinnager). Die Fische, die er fängt, sind wiederum in erster Linie kranke und »unedle«. Das Geschrei mancherorts, den Abschuß wieder freizugeben, ist also recht unverständlich.

Die Tierfotografie erfordert eine ge-

Frühmorgens kommt der stattliche Graureiher

hörige Portion Geduld, Know-how und Sorgfalt, manchmal auch Verschwiegenheit: Einmal hatte ich mir ein Versteck gebaut, um die Wasseramsel zu fotografieren. Zwei Paddler kamen vorbei, Staatsbeamte, wie ich hörte. Der eine erzählte dem anderen von seinen immensen Hypotheken ... peinlich! – Ein andermal, wiederum bei einer Wasseramsel, baute sich eine Familie vor mir auf, um ein Erinnerungsfoto für das Familienalbum zu machen: Den fotografierenden Familienvater hätte ich am Ärmel fassen können. Ich blieb unentdeckt und konnte beruhigt sein, daß mein Versteck den Nistplatz nicht verraten hatte!

Besonders wichtig ist, daß man Kenntnisse über das Verhalten der Tiere hat oder sich erwirbt, sonst kann es leicht passieren, daß man das Gelege oder die Jungen gefährdet. Zwei Beispiele: Bei einer Störung am Nest kehren Elstern, Singdrosseln und Nachtigallen nicht zum Gelege zurück. Bleiben Altvögel infolge von Störung zu lange dem Nest fern, kann es passieren, daß Eier oder Junge irgendwelchen Nesträubern zum Opfer fallen.

Mit Vögeln kann man sich auf mancherlei Art beschäftigen. Ich habe zum Beispiel als kleiner Junge mit einer Federnsammlung begonnen, die Federn auf großen weißen Karton befestigt und beschriftet und diese während meiner ganzen Schulzeit komplettiert. Das macht sehr viel Spaß, man lernt dabei viele Vogelarten kennen; nur das Mottenpulver darf man dabei nicht vergessen ...

Nach den Säugern und Vögeln möchte ich noch einige wenige Bemerkungen zu anderen Tiergruppen anfügen. Gottlob gibt es neben den (offenbar instinktiv) gefürchteten Reptilienvertretern, den Schlangen, zumindest ein sich schlängelndes Reptil, vor dem eigentlich niemand Angst zu haben braucht: die Blindschleiche, ein schönes und wehrloses Tier, das in der Wutachschlucht einigermaßen häufig ist. – Einmal trat ich in den Flühen beinahe auf eine als bissig bekannte, aber ansonsten doch recht harmlose Schlingnatter, die eilends flüchtete.

Unter den Amphibien ist der nachtaktive Feuersalamander (der fleckenstreifige, Abb. S. 76) der attraktivste Vertreter seiner Gattung. Das auffällige gelb-schwarze Muster kann er sich nur leisten, weil er mit Hautdrüsen ein giftiges, widrig schmeckendes Sekret ausscheidet, das die Schleimhäute stark reizt: So wundert es nicht, daß er von Beutefeinden stets gemieden wird. Übrigens wirkt das Sekret auch als Fungizid, als pilztötendes Mittel. Dies ist wichtig, weil das Amphibium eine feuchte Haut hat. Es bekommt lebende Junge (50–70 Larven mit zwei Kiemenästen, die sich in zirka drei Monaten von Wasser- zu Landtieren entwickeln), ist erst nach vier Jahren ausgewachsen und kann bis zu 20 Jahre alt werden. Untertags ist der Salamander meist nur bei oder nach Regenwetter zu beobachten.

Interessant ist, was der Volksglaube alles über Amphibien zu berichten weiß: Kröten übertragen Warzen, hüten Schätze, sind als »Votivkröten« gut für Kindersegen; der Laubfrosch ist der »Wetterprophet«; der Salamander hat die Kraft, Feuer zu löschen und die Liebe zu stärken (als »Aphrodisiakum«). Sollte das der Grund sein, warum der »Feuersalamander« als Fasnachtskostüm für eine Elztäler Narrenzunft herhalten mußte? Von einem älteren Jagdaufseher (dem freundlichen Herrn Kessler aus Bachheim) erfuhr ich, daß es vor Jahrzehnten in Seitenbächen der Wutach Flußkrebse gegeben habe ...

Wandert man im Herbst an den »Pestwurzurwäldern« entlang, sieht man von vielen Blättern fast nur noch das Filigran der Blattadern stehen. Dies ist das Werk von Bakterien, Schnecken und Blattkäfern. Gibt es schon bei den Weichtieren eine interessante Vielfalt von Arten (vor allem, wenn man noch die fossilen Mollusken hinzunimmt), so ist die Formenfülle der Insekten unerschöpflich: Stellvertretend für die etwa 3000 beschriebenen Arten seien der »Totengräber« (Aaskäfer), das »Lilienhähnchen« (ein kleiner, roter, »putziger« Käfer auf der Türkenbundlilie), der Schwarze Apollo, der Schwalbenschwanz und der Schillerfalter genannt. Mit den Schmetterlingen möchte ich meine »Wutachzoologie« beschließen, nicht ohne einen Hinweis auf das »Wunder« der Metamorphose gegeben zu haben: Aus einer einfachen, bodenverhafteten Raupe wird ein herrlicher, sich in die Lüfte schwingender Schmetterling – ein Phänomen, das schon den großen Religionsstifter Gautama Buddha im Streben nach höherer Erkenntnis zu entsprechenden philosophischen Gedanken angeregt hat.

Flora der Wutachregion

Die üppige Fülle und Formenvielfalt der Pflanzenwelt in der Wutachschlucht (so gibt es zirka 1200 Arten von Gefäßpflanzen) ist eine Wohltat für die Augen, wenn man von der artenverarmten landwirtschaftlichen Produktionsfläche ausgeht, die keinen Platz mehr hat für Raine, Brachland, Hecken und Tümpel. (Ich habe seit vielen Jahren keine Kornblumen, keinen Ackergauchheil und keine Kornrade mehr gesehen!) Wie ist dieser Reichtum gerade in der Wutachschlucht zu erklären? Im Bereich von Wutach und Baar treffen sich verschiedene »pflanzliche Wanderstraßen«, und so vermischen sich mehrere Florenelemente, wie z. B. das zentraleuropäische mit dem arktisch-alpinen oder südlich-submediterranen (und östlich-pontischen). Das erstere ist sozusagen der Grundstock, das zweite ein Überbleibsel der letzten Eiszeit

vor 17000 bis 20000 Jahren (sogenannte Glazialrelikte), und das dritte Element wanderte aus warmen Gefilden im Spät- und Postglazial ein. Die Pflanzengesellschaften der Flußauen unterscheiden sich so z. B. stark von denjenigen der Nord- oder Südhänge, der Kalk- oder Urgesteinsfelsen. Die Vegetationsperiode dauert recht lange: Im zeitigen Frühjahr, wenn rings noch Schnee liegt, wagt sich der Huflattich mit seinen frischen gelben Blüten wohl als erster aus dem meist steinigen Untergrund. Nicht mehr lange dauert es nun, bis Märzenbecher, Seidelbast (s. Abb. S. 51/52) und Frühlingsenzian den Wanderer erfreuen. Danach hat man das Gefühl, die bunten Blumen können nicht schnell genug sprießen, obwohl einzelne noch bis in den Herbst hinein blühen, so der Fransenenzian.

Einen ganz besonderen Reiz hat es, die Wutach nicht nur mit Auge und Ohr, sondern auch mit der Nase zu erwandern. Ich denke da weniger an die Abwässer, an Bärlauch, Traubenkirsche oder Aronstab, sondern an eine Vielzahl köstlich riechender Pflanzen: an Seidelbast, Silberblatt, Reckhölderle, verschiedene Nelken, Waldmeister, Bärwurz, Thymian, Haselwurz und auch herbstlichen Moder und Harz. Den Geruch von Harz habe ich schon als kleiner Junge gerne gemocht. Ein »Rezept« von damals hat auf manchen Klassenausflügen Erstaunen hervorgerufen: Ich suchte mir einen etwa kirschgroßen Brocken Fichtenharz, nicht zu weich und klebrig, nicht zu hart und bröselig, befreite ihn von Rindenstückchen, erwärmte ihn dann ganz langsam in meinem Mund und weichte ihn durch allmählich festeres Kauen auf. Das Resultat war ein violetter Naturkaugummi von eigenartig angenehmem Aroma, den man für eine Weile fast wie käuflichen Kaugummi in die Länge ziehen konnte ... Zur

Links:
Frühlingsenzian,
Schusternägele genannt

Rechts:
Weidenröschen,
so schön wie Orchideen?
Es ist im Schwarzwald
sehr häufig

Nachahmung sei dieses »Jugendrezept« wärmstens empfohlen.
Einige Blüten verströmen einen süßlichen, manchmal gar exotisch anmutenden Duft, der an indische Parfüms erinnert, andere wiederum haben einen mehr würzigen Geruch. Der Duft der unscheinbaren Haselwurzblüten (Abb. S. 104), die häufig sogar unter Moderblättern verborgen sind, wird einmal als pfefferartig, dann wieder als muskat- oder zimtartig beschrieben. Er stammt von dem Haselwurzkampfer Asaron (chemisch mit der Zimtsäure verwandt), dient ansonsten nur als Brechmittel. Und damit wäre ich bei den Gefahren der Pflanzenwelt: Als Bub habe ich einmal mit meinem Vetter ein Sauerklee-Wettessen veranstaltet – mit »durchschlagendem« Erfolg: zwei Tage lang! – Vor den bekannten Giftpflanzen, die relativ häufig in der Wutachschlucht vorkommen, werden Eltern ihre Kinder sicher warnen: vor Fliegenpilz, Tollkirsche, Einbeere, Seidelbast, Blauem Eisenhut, Christophskraut, Eibe, Fingerhut u. a.
Einigen Tieren wird durch Pflanzen übel mitgespielt – ich meine die Insektenfallen. Da gibt es in den Mooren an Seebach und Haslach den Sonnentau, an dessen klebrigen Blättern kleine Insekten hängenbleiben, die seinen Stickstoffhaushalt aufbessern. Der Aronstab (s. Skizze S. 106) lockt mit Aasgeruch Fliegen an, die in seiner Kesselfalle eine Weile gefangengehalten werden (so manche Fliege erlebt dann die Befreiung nicht mehr); der Frauenschuh (s. Skizze S. 106) zieht mit seinen prächtigen Blütenfarben und dem Wohlgeruch kleine Bienen (Gattung Andrena) an, die in seinen »Schuh« hineingleiten und nur an den Staubbeuteln (Pollinien) vorbei wieder in die Freiheit gelangen; in beiden Fällen wird so auf raffinierte Weise eine Fremdbestäubung erreicht. Das erstaunlichste Phänomen aber bieten die Ragwurzorchideen »Fliege« (s. Abb. S. 44), »Spinne«, »Hummel«, »Bienle«, deren Blütenlippen Weibchen bestimmter Insekten imitieren. Die »liebestollen« Insektenmänner »fallen darauf herein«, und ehe sie den »Betrug« gemerkt haben, klebt ihnen schon ein Paket Pollen auf dem Rücken, das sie dann prompt an der nächsten Blüte abliefern zwecks Fremdbestäubung. (Diese Nachahmung und Anpassungsfähigkeit bezeichnet man mit »Mimikry«.) Von den artenreichen Orchideen wird oft gesagt, sie stellten die Krönung der Wutachflora dar, und zugegeben, der seltene Frauenschuh (s. Abb. S. 64/65) ist schon außerordentlich prächtig und läßt das Herz eines jeden Naturfreundes höher schlagen. (Eigentlich

Links:
Unscheinbare Haselwurzblüte mit Zimtgeruch

Rechts:
Kesselfalle Aronstab

schade, daß es überhaupt noch nötig ist, bekannte Standorte gegen Orchideenräuber zu bewachen, zumal private Zuchtversuche von wilden einheimischen Orchideen sowieso fehlschlagen, weil diese zu extreme Wachstumsbedingungen stellen. In der Vase halten sie – ganz im Gegensatz zu tropischen Orchideen – doch nur wenige Stunden.) Indessen erinnere ich mich noch sehr gut daran, daß ich als Student einmal aufgefordert wurde, mich doch nicht, wie schon so viele Amateurfotografen, auf Orchideen zu verlegen, sondern vielleicht einmal Grasblüten oder Schmetterlingsblütler zu fotografieren. Wenn man sich das recht überlegt, stimmt das sehr wohl: Die Blüten sind oft genauso schön, nur nicht so berühmt; vor allem aber wird beim Fotografieren von Gräsern rings um den Standort in der Regel weniger Schaden angerichtet. (Es gibt Pflanzenfotografen, die um die Objekte herum alles plattwalzen!) Die Pflanzen der Wutach sind nicht nur durch übereifrige Fotografen gefährdet. Bedroht sind sie vor allem auf natürlichen »Inseln« der Hochfläche, z. B. Orchideen- oder Enzianstandorte auf Halbtrockenrasen – sie vertragen keine Düngung! Die Entwässerung von Feuchtwiesen bedeutet für Wollgras und Trollblume das Ende!
Ein leider rasches Ende nehmen auch die kleinen Kunstwerke, die aus Tausenden von Blüten mühe- und liebevoll zusammengesetzt werden und einige Zeit nach der Fronleichnamsprozession ein Symbol für die Vergänglichkeit alles Irdischen abgeben (s. Abb. S. 116)...

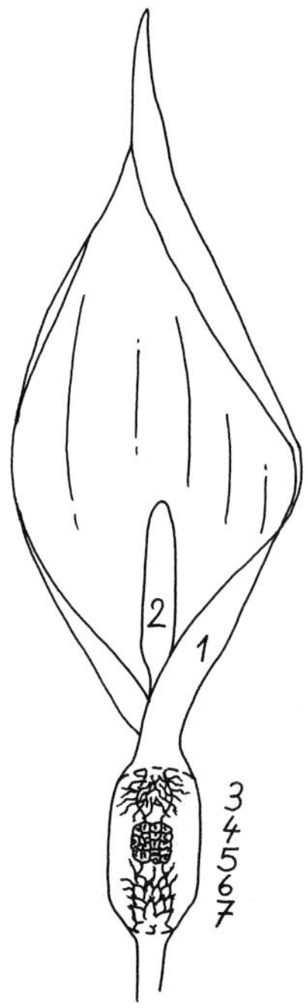

Blütenstand des Aronstabs (Monocotyledonae) mit Kesselfalle, weibliche und männliche Blüten ohne Hülle, Aasgeruch

1 Hüllblatt (Spatha = Hochblatt)
2 Kolben (Spadix = Blütenstand)
3 Hindernisblüten mit glatten Sperrborsten welken über Nacht nach Abgabe des Blütenstaubs)
4 Kessel (Innentemperatur erhöht; für Glätte sorgen Öltröpfchen)
5 männliche Blüten (Staubbeutel noch geschlossen)
6 vereinzelte Sperrborsten
7 weibliche Blüten (Narben funktionsfähig; sondern schleimigen Saft ab)

Frauenschuhblüte als Kesselfalle (vor allem für Erdbienen der Gattung Andrena); keine Resupination, sondern Überhängen; bevorzugt schattige Laubwälder, selten Nadelwälder; kalkgebunden; Entwicklungsdauer von 12–17 Jahren

1 Laubblatt
2 Fruchtknoten
3 ein unpaariges Sepale
4 zwei paarige Sepalen, miteinander verwachsen, zweizipflig
5 Petalen
6 »Lippe« (= Labellum = drittes Petale), glatte Wandung und übergewölbter Rand, Farb- und Lichtmarkierungen
7 Abgleiten von Insekten in die Kesselfalle (Pfeile)
8 Ausgang für die Insekten nur hinten vorbei an den Antheren und der Narbe
9 »Säulchen« (Gynostenium = mit Griffel verwachsene Staubblätter) mit zwei darunter liegenden einfächerigen Staubblättern
10 Blumenblattartiges Staminodium (unfruchtbares Staubblatt)

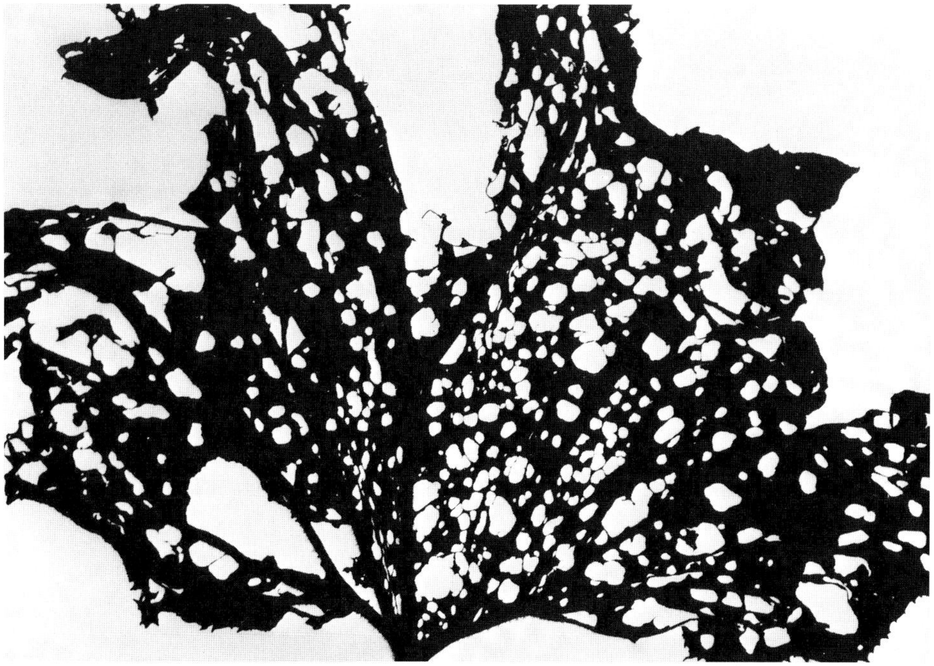

Pestwurzfiligran,
das Werk von Schnecken,
Käfern und Bakterien

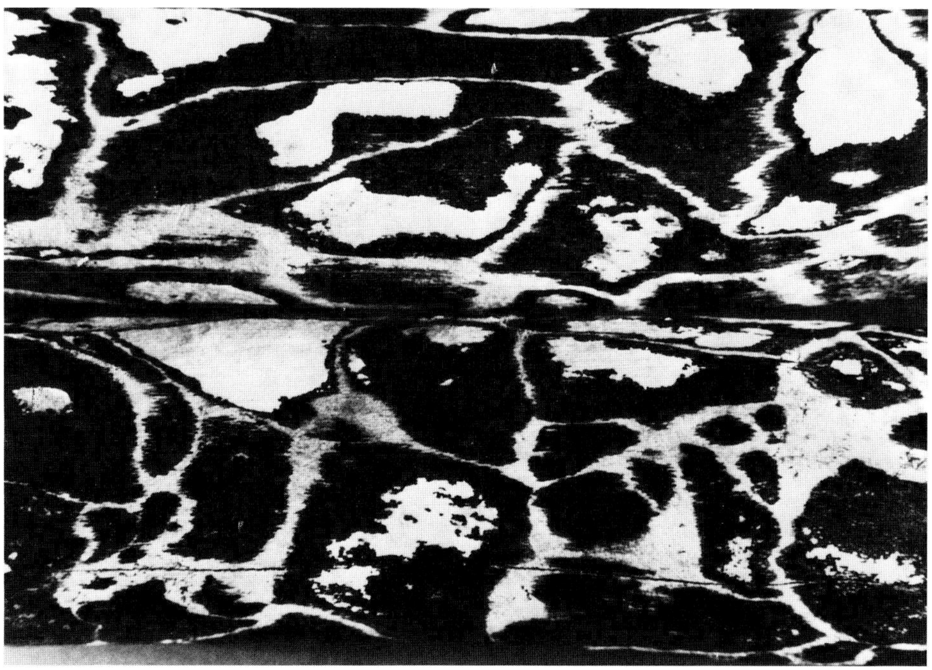

»Schlangenhaut« –
Verwitterungsmuster von
Ahornzweigen

*Geäder zweier Eichenblätter –
Ästhetik von Strukturen
in der Natur*

*»Cañon« –
zerklüftete Formen
eines Baumpilzes*

Natur- und Umweltschutz

Auf das unermüdliche Betreiben von Hermann Schurhammer hin beschloß 1928 der Badische Landtag einstimmig, die Landesregierung zu beauftragen, »als Ersatz für die durch den Bau des Schluchseewerks zerstörten Naturschönheiten des südlichen Schwarzwalds« ein Naturschutzgebiet »Wutach-Gauchachtal« zu schaffen. 1939 konnte dieses Naturschutzgebiet endlich verwirklicht werden; 1980 wurde es um die rund 13 ha der »Auäcker« (Wutach-Aue und Selden-Graben auf Stühlinger Gemarkung) auf 592 ha vergrößert. Weitere Ergänzungen stehen an.

Doch die Freude im Jahre 1939 über das herrliche Gebiet wurde bald von der Sorge um seine Erhaltung überschattet. Die Wutach sollte den Interessen der Energiewirtschaft geopfert werden. Die Schluchseewerk AG wollte die Wasser der Wutach mittels einer 62 m hohen Mauer kurz unterhalb der Haslachmündung aufstauen und ableiten, was den ökologischen Tod der Wutach und damit das biologische Ende des Naturschutzgebietes bedeutet hätte. Wiederum wurde Hermann Schurhammer aktiv; leider konnte er die Gründung der Arbeitsgemeinschaft »Heimatschutz Schwarzwald« durch Fritz Hockenjos 1952 nicht mehr miterleben. Der Arbeitsgemeinschaft gehörten 18 südbadische Verbände mit insgesamt 80000 Migliedern an. F. Hockenjos schreibt in seinem Aufsatz »Wutachschlucht-Erinnerungen« (1978/79) über ihre Arbeit folgende Zeilen: »Als erstes wurde ein Aktionsausschuß ›Rettet die Wutachschlucht!‹ gebildet. Es war ein besonderer Glücksfall, daß sich in ihm eine Handvoll Männer zusammenfanden, die nicht allein sachkundig und als ›Krisenstab‹ jederzeit einsatzbereit waren, sondern auch die erforderliche Zivilcourage besaßen: Ministerialrat Prof. Dr. Asal als hervorragender Verwaltungsjurist und Leiter der Höheren Naturschutzbehörde in Baden; Dr.-Ing. Fries, Bezirksbeauftragter für Naturschutz und Landschaftspflege in Freiburg, der als Techniker seinen Kollegen von der Gegenseite hinter die Schliche kam; Rektor Schmitt, der seine ›Naturfreunde‹ als Hilfstruppe einsetzte, wo immer wir tatkräftige Helfer brauchten; Direktor Idler, Vorsitzender des ›Vereins der durch Bau und Betrieb des Schluchseewerkes Betroffenen‹, ursprünglich Vertreter von Entschädigungsforderungen, der aber bald erkannte, daß Verhüten von Schäden besser ist als Entschädigtwerden, und zum überzeugten und stets opferbereiten Naturschützer wurde.«

Der Kampf des »Volks-Naturschutzes« (damaliger Begriff) zur Erhaltung der Wutachschlucht war mühsam und aufreibend, »denn auch die Gegenseite blieb ja nicht untätig. Sie hatte mehr Geld und Einfluß als wir, zumal da das Land an der Schluchseewerk AG finanziell beteiligt war und Minister im Aufsichtsrat saßen. Sie konnte mit Plakataktionen und ganzseitigen Zeitungsinseraten kühn behaupten, die Wutachschlucht sei durch die geplante Ableitung des Wutachwassers gar nicht gefährdet, da Felsen und Pflanzen erhalten blieben. Wir konterten: Im Naturschutzgebiet Wutachschlucht ist die Natur in ihrer Ganzheit geschützt. Das Lebenselement der Schlucht ist das Wasser, und die Hochwasser sind der Motor des natürlichen Geschehens in ihr. Naturschutzgebiet Wutachschlucht und Wutachableitung schließen einander aus; das Naturschutzgebiet ist vielmehr bereits das Ergeb-

nis eines Kompromisses, der im Jahre 1928 zustande kam: Die Erhaltung der Wutachschlucht ist mit der Trokkenlegung fast aller übrigen Flüsse und Bäche des südlichen Schwarzwalds teuer genug bezahlt – zu teuer, als daß sie nun um 55 000 Kilowatt verkauft werden darf! Wenn trotzdem immer wieder behauptet wird, die Naturschönheiten der Wutachschlucht würden durch die Wutachableitung nicht beeinträchtigt, so muß dies mit aller Entschiedenheit als Versuch, die Allgemeinheit und die Verantwortlichen vom Kernproblem abzulenken, gebrandmarkt werden. Hier soll sozusagen einem lebendigen Organismus das Blut abgezapft werden mit der beschwichtigenden Erklärung, das sei gar nicht so schlimm, da ja Fleisch und Knochen erhalten bleiben. Möglichkeiten der Energiegewinnung gibt es viele, eine Wutachschlucht aber nur einmal!« Die AG Heimatschutz schrieb: »Tatsache ist also, daß die Wutachableitung nicht nur ein unnötiges Opfer, sondern ein Schildbürgerstreich der Technik, ein verhängnisvoller Fehlgriff der Wirtschaft, eine Fehlentscheidung der Verwaltungsbehörden und eine kulturelle Barbarei sein würde!«

Gegen den Innenminister wurde Dienstaufsichtsbeschwerde geführt, im Gegenzug wurde die Behörde gefragt, ob der Landesbeamte Hockenjos nicht seine Treuepflicht gegenüber seinem Dienstherrn verletze. Die naturwissenschaftliche Fakultät der Universität Freiburg wollte keine Einbußen riskieren und zog es diesmal vor (im Gegensatz zur Vorkriegszeit), keine Stellungnahme abzugeben, obwohl es auch dort sicher kompetente Leute gegeben hätte.

Über die Bequemen oder Ängstlichen schreibt F. Hockenjos: »Sie haben sich selber um ein aufrüttelndes Erlebnis, um die Erfahrung eigener Kraft betrogen. Die allermeisten aber waren mit Eifer und Verantwortungsfreude bei der Sache und zehren davon bis zum heutigen Tag. Auch dies gehört zu den Erfahrungen jener Jahre.«

1955/57 wurde zu einer Unterschriftensammlung »Rettet die Wutachschlucht« aufgerufen, die binnen Jahresfrist 185 000 Unterschriften erbrachte. Wohl unter dem Eindruck dieser starken Willensbekundung wurde das Genehmigungsverfahren 1960 eingestellt; es ruht bis heute, und ich bin sicher, daß niemand es wagen wird, des Volkes Zorn erneut hervorzurufen. F. Hockenjos dazu: »Darüber hinaus muß die Wutachschlucht für jeden Heimat-, Natur- und Wanderfreund eine stete Mahnung zur Wachsamkeit sein. Was gestern an der Wutach war, kann heute und morgen am Isteiner Klotz, im Taubergießen oder sonstwo notwendig sein. Der Schwarzwaldverein hat noch viele Lieblings- und Sorgenkinder! Darum dürfen die Erfahrungen aus dem ›Kampf um die Wutachschlucht‹ nicht in Vergessenheit geraten.«

Die Wutach blieb also am »Leben«! Oder ist das nur die halbe Wahrheit? Denn da gab es noch ein schwieriges Problem: Was das Wasser betraf, war die Wutach noch immer so gut wie tot. Die Abwässer aus dem Raum Titisee-Neustadt, insbesondere von der Papier- und Zellstoff-Fabrik (Abb. S. 112) waren schuld daran. Auch hier möchte ich zwecks exakter Dokumentation Oberregierungsrat Dr. W. Koch zitieren, der im »Wutach-Brevier« vom 1. 3. 1955 wörtlich schrieb: »Dieser Zustand erhielt sich so lange, bis die Papier- und Zellstoff-Fabrik in Neustadt ihren Betrieb vergrößerte und den Fischbestand durch ihre Betriebsabwässer schwer schädigte. Dicke Aktenstöße über diese Schädigungen und über das immer wieder vorkommende Forellensterben zeugen von den schweren Kämpfen, die hier geführt werden mußten. Die Staatsdomäne als Inhaberin der Fischereirechte an der Wutach nahm die schweren Schädigungen in Kauf, weil sie genau wußte, daß die Stellung von hohen Schadensersatzansprüchen unvermeidlich zur Stillegung des wichtigen Industriebetriebes geführt hätte.

Die Fabrik, die immerhin gegen 500 Familien beschäftigte, hat auch selbst immer wieder auf diese Gefahr hingewiesen. Sie ist nun aber, nachdem die Möglichkeiten zur Abwasserbehandlung gegeben waren, dazu übergegangen, die Mißstände größtenteils zu beseitigen, und man kann damit rechnen, daß die früheren Schädigungen im Laufe der Zeit völlig überwunden werden und nie wieder vorkommen. Es ist dann auch kein Kunststück, innerhalb weniger Jahre den einstigen Fischbestand in der Wutach wiederherzustellen.« Die Hoffnung von Dr. Koch war leider viel zu optimistisch. Ich zitiere aus dem Schreiben der Aktion Umweltschutz e. V., Freiburg, an Regierungspräsident Dr. Person vom 19. 10. 1973: »Wir haben uns sehr darüber gefreut, daß sich nun auch das Regierungspräsidium Südbaden in vermehrtem Umfang für eine saubere Wutach einsetzen will. Wir hoffen mit Ihnen auf eine baldige Änderung dieser unwürdigen und abstoßenden Zustände. Dennoch sehen wir die Dinge etwas anders... Genau vor einem Jahr wandte sich der Arbeitskreis Landschaft in der Aktion Umweltschutz an die Bevölkerung, um wieder einmal auf die Kloake hinzuweisen, in die sich die Wutach nach Neustadt verwandelt. In unserem Flugblatt... stellten wir folgende Forderungen auf: entweder Vollklärung der Abwässer aus der Zellstoffproduktion – oder Schließung dieses Betriebszweiges, falls eine Vollklärung aus ökonomischen Gründen nicht möglich ist. Um in letzterem Fall Härten für die betroffenen Arbeiter (nicht für die Fabrik) auszugleichen, forderten wir einen Sozialplan. Trotz mehrerer Gespräche, Diskussionen und Zeitungsartikel hat sich in der Zwischenzeit von seiten der Fürstlichen Verwaltung gar nichts getan. Die Wutach ist noch genauso schmutzig und biologisch tot wie vor Jahren, und die Fischsterben in Zeiten mit Niedrigwasser gehören zur Tagesordnung. Unserer Meinung nach ist die Fürstliche Verwaltung nur verbal um die Landschaft ›besorgt‹. Folgende Gründe bestärken unsere Auffassung: Das von Ihnen erwähnte Verwaltungsgerichtsverfahren läuft im Augenblick gar nicht mehr, sondern wurde ausgesetzt, bis ein neues Gutachten vorliegt. Die Verzögerungstaktik der tüchtigen Verwaltungsjuristen des Hauses Fürstenberg hat damit eine weitere Runde gegen Umwelt und Landschaft für sich entschieden. Das Widerspruchsverfahren der FF Verwaltung gegen die Auflagen des Regierungspräsidiums läuft damit seit zwei Jahren und drei Monaten, ohne daß überhaupt etwas geschehen ist!«

Nach einer schriftlichen Auskunft der »Papierfabrik Fürst zu Fürstenberg« vom 13. 3. 1981 wurde die Zellstofferzeugung Ende des Jahres 1977 eingestellt, nachdem vor dem Verwaltungsgericht Freiburg im Jahr zuvor ein Vergleich geschlossen worden war. Die Abwässer der Papierfabrik werden seit 1972 in einer eigenen chemischen Kläranlage vorgereinigt und wahrscheinlich noch im Verlauf des Jahres 1981 dem biologischen Teil der neuen Kläranlage der Stadt Titisee-Neustadt zugeleitet. Außerdem wird darauf verwiesen, daß zur Zeit die Hälfte der Papierproduktion aus 100 Prozent Altpapier erzeugt wird.

1979 und 1980 wurde wiederum Fischsterben in der Wutach festgestellt; im Sommer 1980 waren häufiger Schaumkronen von Abwässern zu beobachten. Die Wasserqualität war und bleibt (hoffentlich nur noch für kurze Zeit) das Sorgenkind Nr. 1 der Wutach.

Aber es gibt noch eine Reihe weiterer Probleme, die der Abhilfe harren – viele rühren von dem enorm ange-

Links:
FF-Papierfabrik Neustadt

Rechts:
Kieswerk bei Bachheim

wachsenen Tourismus und Freizeitbetrieb her –: der Wohlstandsmüll in der Natur (obwohl entlang der Wanderwege genügend Müllbehälter aufgestellt sind), die durch unerträglichen Lärm und wildes Gejohle verursachte Unruhe und der Kanubetrieb (vor allem in der sensiblen Frühjahrsperiode). Ferner seien genannt: der großflächige Kiesabbau (Abb. S. 113) und die Schwierigkeiten bei der anschließenden Rekultivierung, der umfangreiche Bau von Wirtschaftswegen, einige häßliche Fichtenmonokulturen, wilde und offene Müllkippen, fehlende Kläranlagen und der weitgehend fehlende Biotopschutz in den an die Schlucht angrenzenden Flächen (z. B. Ochsenberg, Litzelstetten, Galgenbuck, Hardteck, Oberhardt). Glücklicherweise gibt es eine Reihe von Institutionen, die sich sehr engagiert um Verbesserungen bemühen: Hier seien genannt der Naturschutzdienst des Schwarzwaldvereins, die Bezirksstelle für Naturschutz und Landschaftspflege, einige Forstämter, der Deutsche Bund für Vogelschutz und der B.U.N.D. (s. S. 128).

Im folgenden gebe ich »Zehn Grüne Gebote« für den Natur- und Umweltschutz wieder, deren Beachtung und Befolgung gerade für die »Urlandschaft« Wutachschlucht von großer Bedeutung sind.

»Zehn Grüne Gebote«:

1. Schonung und Erhaltung der Natur; Umweltschutz ist Menschenschutz, bedeutet Verbesserung der Lebensqualität und muß daher einen hohen Stellenwert in unserer Gesellschaft haben.

2. Vorrang ökologischer Interessen vor ökonomischen (insbesondere auch in Land- und Forstwirtschaft).

3. Vermeidung von Monokulturen; kein unnötiger Landschaftsverbrauch; Wiederherstellung von natürlichen Lebensräumen; verstärkter Biotopschutz. Bemühen, weitere Naturschutzgebiete einzurichten. Weitestgehender Ausschluß wirtschaftlicher Nutzung von Naturschutzgebieten; keine Sondernutzungsrech-

te in Naturschutzgebieten. Anleitungen für das Verhalten von Touristen in Naturschutzgebieten bekanntmachen.

4. Förderung der Naturschutzbestrebungen finanziell und ideell (durch Staat, Länder, Kommunen, Organisationen und private Initiativen).

5. Verhinderung von überzogenen Verkehrs- und Industrieprojekten; Stopp der Zersiedlung und Verdrahtung der Landschaft.

6. Informationspflicht über Auswirkungen von industriellen Projekten in der Umwelt.

7. Berücksichtigung von möglichen Langzeitwirkungen industrieller und zivilisatorischer Maßnahmen (z. B. Einfluß von Chemikalien; Folgen von Flurbereinigungen und Rebumlegungen).

8. Schonung von Tieren, Pflanzen, insbesondere auch von Hecken, natürlichen Ufern, Feldrainen, Wiesen, Feuchtgebieten, Wäldern. Kein Abflämmen! Kein unnötiges Abpflücken von Blumen (vor allem kein Pflücken großer Sträuße). Kein unnötiges Fangen oder Töten von Tieren (insbesondere im Hinblick auf das biologische Gleichgewicht), kein Zerstören von Nestern, Bruthöhlen, Ameisenhaufen usw. Beachtung des vollständigen Schutzes aller Lebewesen im Naturschutzgebiet. Keine Ritzzeichnungen, Inschriften in Bäume usw.

9. Kein (übermäßiges) Lärmen in der Natur, möglichst wenig Unruhe stiften unter den Wildtieren. Keinen Abfall hinterlassen (notfalls aufräumen).

10. Die Mitmenschen von Sinn und Notwendigkeit des Naturschutzes überzeugen. Nur Politiker wählen, die bereit sind, für den Naturschutz einzustehen. Die Kinder zur Ehrfurcht vor allem Leben und der Natur erziehen. Bereit sein, freiwillig gewisse Selbstbeschränkungen bezüglich Energie- und Rohstoffverbrauch auf sich zu nehmen; Freiräume für die Natur schaffen.

Aus Kultur und Geschichte

Die Landschaften um die Wutach sind schon lange besiedelt. Neolithikum, Bronzezeit, Hallstatt- und La-Tène-Zeit (Eisenzeit) lieferten Zeugnisse; ebenso die Kelten, Römer und Alemannen. Viele Denkmäler stammen aus dem Mittelalter: Burgen, Schlösser, Stadttore, Kirchen, Wegkreuze, Grenzsteine.
Im folgenden gebe ich einen knappen Überblick über einige historische Monumente:

Schlösser und Burgen

Schloß Stühlingen (mit imposantem Turm), genannt »Hohenlupfen«; Residenz der Herren von Küssaburg um 1080, bis 1582 der Landgrafen von Lupfen, 1606 der Grafen Pappenheim; später fürstenbergisch; seit 1805 bei Baden.

Stadt und Schloß Bonndorf: Einst Reichsgebiet, aber als Lehensbesitz den Albgauresidenten unterstellt; seit 780 unter der Regentschaft von namentlich bekannten karolingischen Gaugrafen; 1223–1290 residieren Herren von Bonndorf (Zähringer Minister), Edle von Blumegg, seit 1296 Grafen von Lupfen (Stühlingen); ab 1366 bzw. um 1380 Edle von Wolffurt, um 1410 Edle von Falkenstein, 1440 Edle von Rechenberg, 1460 Hans von Lupfen, 1582 Grafen von Pappenheim bzw. Mörsperg und Belfort, 1592/94 Errichtung des Schlosses von J. v. Mörsperg; 1609–1803 zum Kloster St. Blasien gehörig; 1699 Grafschaft Bonndorf; 1806 zum Großherzogtum Baden gehörig; 1815 Bezirksamt.

Schlösser Blumberg und Blumegg: Fürstenbergische Dienstmannengeschlechter; 1390 Stadtrechte an Blumberg, 1645 Zerstörung des Schlosses; später Fürstenbergischer Amtssitz. – Blumegger Schloß 1417 erwähnt.

Räuberschlößle (Neu-Blumberg oder -Blumegg): Im 14. Jahrhundert erbaut von den Herren von Blumberg, wahrscheinlich im Bauernkrieg zerstört.

Burg Stallegg (mit Hofgut und Brükke) – auch »Stahelegg« genannt: Tiefer Halsgraben nach Norden zur Bergseite, spärliche Mauerreste; um 1240 im Besitz der Ritter von Stallegg bis zum Ende des 14. Jahrhunderts – einer der Ritter wurde Bischof von Straßburg (1244–1260); später im Besitz der Blumberger, Rockenbacher und Fürstenberger; Erwähnung der Burg 1509/1593.

Schloß Alt-Tannegg: Erste urkundliche Erwähnung 1095, weitere Nachweise für den Zeitraum von 1152/53 bis 1259; im 13. Jahrhundert zum fürstenbergischen Blumberg gehörig (weitere Geschichte identisch mit Bonndorf); schon im Mittelalter Zerfall, wenig Überreste.

Schloß Neu-Tannegg oder Boll (Abb. S. 124): Um 1200 errichtet (3–4 Stockwerke), später – vermutlich Ende des 15. Jahrhunderts – wieder aufgegeben wegen Absinkens der nördlichen steilen Bergseite (Einsturz der Burg). Die Edlen von Boll (Krenkinger Lehensträger) von 1257 bis um 1400 auf der Burg, danach die Edlen von Tannegg (in deren Besitz auch

Wandgemälde in Bad Boll

das Badehäuschen von Bad Boll, siehe unten). Südliche Pallaswand relativ gut erhalten. Beide Schlösser, Alt- und Neu-Tannegg, überwachten einen wichtigen Wutachübergang an einem Fernverkehrsweg zwischen Bonndorf und der Rheinebene (Rennweg oder Hochweg); ähnlich die Burg Stallegg am »Dreiländereck« (Freiburg, Stühlingen, Fürstenberg).

Grünburg: Schutzvögte des Klosters St. Gallen im Zusammenhang mit dem Besitz von Döggingen und Mundelfingen.

Neuenburg: Oberhalb der Gauchach, im Besitz der Herren von Schellenberg.

Burg Hardegg (Harteck): Südlich von Mundelfingen zwischen Aubächle und Wutach; Zähringer Dienstleute 1108, Raubritter der Burg (nach 1218) sind gefürchtet; zerstört Ende des 14. Jahrhunderts.

Schloß Ewattingen: Am unteren Hörnle, 1272 erstmalig erwähnt; Raubritter, 1370 zerstört. 1524 war Ewattingen Sammelplatz der aufständischen Bauern.

Schloß Guggelsberg (volkstümlich »Gickel« genannt): Bei Münchingen, in der Regel nur bei Einheimischen bekannt.

Erwähnt seien noch:
Schloß Dillendorf, die Roggenbacher Schlösser, Schloß Löffingen, ein vermutetes Schloß oder Kloster am Schönfrauenbuck (Schellenfrauenbuck bei Reiselfingen), Burg Dittishausen, Burg Künzingen (Minnesänger!), Kloster bzw. Jagdschloß Friedenweiler, Burg Alt-Urach; die Existenz von Burg Hochfirst ist umstritten.
Rötenbacher oder Neustädter Schanze aus dem Kriege Frankreich-Österreich 1796 (zentnerschwerer Gedenkstein von 1511).

Einige bemerkenswerte Gebäude sollten nicht unerwähnt bleiben:

Das schöne Rathaus von Ewattingen, die »Scheffellinde« von Achdorf mit dem großen Arietites-Ammoniten im Giebel, der alte, renovierbedürftige

Schafstall von Blumegg, die traurigen Ruinen von Bad Boll...
Bad Boll war einst Badhäuschen der Herren von Tannegg (Matthäus Merian hat 1643 einen Stich davon angefertigt). Dann war es auch einmal das »Gasthaus zum Storch«; um 1840/55 Bad bzw. Kurhaus mit Kapelle, Parkanlagen und einer angeblich schon den Römern bekannten Heilquelle mit »Schwefelwasser« gegen Hautleiden (vor allem gegen Krätze) und rheumatische Beschwerden; später Hotel für reiche englische Forellenangler, die angeblich hie und da auch einen Lachs erwischten; zuletzt Therapiehof für Drogenabhängige unter dem Arzt W. Schütze. Im Mai 1981 begannen zwei neue, junge Besitzer mit schwierigen Renovierungsarbeiten, die ein Schullandheim zum Ziel haben.

Kirchen und Kapellen

Göschweiler: Der Turm der alten Dorfkirche (romanischer Ursprung) stammt aus dem 10. Jahrhundert. (Die St.-Rochus-Pfarrei besteht seit dem 9. Jahrhundert.)

Links:
Blumenteppiche von Hüfingen (1978)

Rechts:
Fronleichnamsprozession in Ewattingen (1980)

Mundelfingen: Die schöne Barockkirche wurde 1750 von dem berühmten Baumeister Peter Thumb erbaut.

Ewattingen: Schöner Kirchturm mit einem Treppengiebel (erbaut um 1606/08. Die Ewattinger Fronleichnamsprozession ist längst nicht so bekannt wie die berühmtere von Hüfingen, hat aber auch schöne Blumenteppiche. Der Brauch geht zurück auf den Hüfinger Bildhauer Franz Xaver Reich, der bei einem Studienaufenthalt in Portici bei Neapel die Blumenteppiche kennengelernt hat und sie 1841 in seiner Heimatstadt am »Herrgottstag« einführte (s. Abb. S. 116).

Löffingen: Um die Wallfahrtskapelle zum Schneekreuz oder Witterschnee scharten sich früher Händler, die in ihren Krambuden Votivbilder, Rosenkränze und andere Devotionalien feilboten. Heute finden noch verschiedene Prozessionen statt (s. Abb. S. 41).

Unadingen: In der Lochmühlen- oder Grünburgkapelle (1980 renoviert) befindet sich das volkstümliche Bild vom Hochwasser in der Gauchach (Abb. S. 119).

Wegkreuze: Früher gab es vielfältige Verbindungen von der Baar bis zum Albgau mit bekannten Klöstern (St. Gallen, St. Blasien). Aus dieser Zeit stammen noch viele Wegkreuze. – Es wird berichtet, daß einmal ein Bischof die Größe seines Bistums mit der Zahl der Wegkreuze angegeben haben soll...

Grenzsteine: Sehr hübsch ist das kleine »Freilichtmuseum« mit alten »Grenzwächtern« bei Münchingen (Abb. S. 124).

Mühlen und Brücken, Wege und Wälder.
An der Wutach und ihren Seitenflüßchen gab und gibt es eine Reihe von Sägewerken und Mühlen (Gips- und Getreidemühlen): Die Gündelwanger Säge sowie die Schatten- und Wutachmühlsäge sind noch in Betrieb. Die Loch- und Bimühle in der Gauchach und die Moggerenmühle an der Achdorfer Wutach wurden vom Hochwasser zerstört, andere als nicht mehr rentabel aufgegeben und abgebrochen, z. B. die Dietfurter Mühlen. (Weitere Mühlen: Linsi-, Bachtal-, Guggen- und Eulenmühle.) Die alte Burgmühle von 1705 in der Gauchach wurde umfunktioniert zum Wanderheim der »Naturfreunde«, das, 1980 vom Herbergsvater »Thomas« renoviert, nun 30 Betten und eine zünftige Küche für müde und hungrige Wanderer bietet. Schulklassen können dort auch unterkommen (Schullandheim).

Wilde Wasser und Brücken gehören in der Kulturgeschichte oft zusammen. Viele Brücken wurden durch die Hochwasser der Wutach immer wieder weggerissen (z. B. die alten Stege bei Bad Boll, am Immenloch und am Rümmelefelsen), andere in kriegerischen Auseinandersetzungen zerstört (Dietfurter Brücke 1632) oder zerfielen allmählich. An ihre Stelle traten neue und modernere Brücken: so die Stallegger Holzbrükke von 1850, die Straßenbrücken bei der Schatten- und Wutachmühle (1877 und 1873), die Eisenbahnviadukte der Höllentalbahn Freiburg–Donaueschingen (Kappeler Brücke und Schwändeholzdobelbrücke) und der Museumsbahn, die elegante Holzkonstruktion bei Bad Boll (1975) und der Rümmelesteg; die Riesenbrücke bei Neustadt über die Gutach (1981).
Die Wutachschlucht war und ist nicht sehr verkehrsfreundlich. Im Mittelalter gab es nur einige Furten. Die Sträßchen zu ihnen waren teilweise gefürchtet, da sie halsbrecherisch steil verliefen. (Noch heute ist dies leicht nachzuempfinden auf dem Weg von Reiselfingen zur oberen Dietfurt.) Will man im Zeitalter des Autos beispielsweise von Reiselfingen nach Ewattingen fahren, so ist man nach wie vor auf die beiden einzigen Übergänge bei der Schatten- oder Wutachmühle angewiesen.
Die heutigen Wanderwege durch die Wutachschlucht und die Flühen wurden erst 1904–1908 durch den Schwarzwaldverein angelegt, der sie auch wartet. Recht hübsch sind einige Eulenwegweiser, Halbzeit für Wutachwanderer wird häufig bei der 1962 erbauten Hermann-Schurhammer-Hütte des Schwarzwaldvereins eingelegt. Diese Hütte trägt den Namen jenes unermüdlichen Streiters für den Naturschutz. – Die Wanderwege sind zeitweise nicht ganz ungefährlich zu begehen, insbesondere vor der jährlichen Instandsetzung (die im allgemeinen bis zum 1. Mai abgeschlossen ist) und nach ausgiebigen Niederschlägen. Manche Stellen sind dann sehr rutschig; es gab auch schon einige Unfälle, also ist Vorsicht geboten! Man sollte nur mit geeigne-

»Hochwasserbild«
in der Lochmühlenkapelle der
Gauchachschlucht

tem Schuhwerk losmarschieren! Die größte Freude beim Wandern erfährt sicherlich, wer die Schlucht allein, mit der Familie oder in kleinen Gruppen erlebt. (Größere Gruppen tun gut daran, sich aufzuteilen, um vielleicht in der Art einer »Sternwanderung« von verschiedenen Ausgangspunkten zum gemeinsamen Treffpunkt zu gelangen.)
Die allermeisten Wälder des Wutachgebietes sind schon lange keine Urwälder mehr; im Gegenteil, die Wälder von Baar und Albgau wurden schon seit Jahrhunderten intensiv genutzt für Bau-, Werk- und Brennstoffgewinnung, für Glas- und Eisenhütten (Köhlereien), zur Harzgewinnung, als Waldweide und natürlich für die Jagd. Obwohl heutzutage die Erholungsfunktion der Wälder für den gestreßten Menschen immer wichtiger wird, bestimmt die Ökonomie doch noch weitgehend ihr Aussehen. Ein Beispiel: Der Bonndorfer Wald – früher ein Weißtannen-Buchen-Wald, heute zu 73 Prozent Fichten- und nur zu 4 Prozent Buchenwald – hat rund 140 km feste Waldwege und 200 km unbefestigte Schleifwege. Dem Touristen stehen 150 km Rundwanderwege (teils mit den Waldwegen identisch), dazu noch Skiloipen zur Verfügung.

Im Bereich der Schlucht gibt es nur noch wenige Schönheitsfehler in Form von Monokulturen. Einige Waldpartien, vor allem in der Gauchachschlucht, sind sogar so wild und vielfältig, daß man sich leicht vorstellen kann, wie schön einmal unsere Wälder gewesen sein müssen.

Links:
»Sauschwänzlebahn«
am Wutach-Viadukt;
schnaubend kommt das Zügle
aus dem Weiler Kehrtunnel

Rechts:
Das Rote Waldvögelein,
eine zarte Orchidee,
deren Blütenblätter an einen
kleinen Kolibri erinnern

Links:
Stallegger Holzbrücke
von 1850

Links oben:
Julius Bausch (85 Jahre alt)
aus Reiselfingen

Links unten:
Opa Röthenbacher
aus Fützen,
bald hundert Jahre alt

Rechts:
»Strahlenwald«

»Boll im Wutachthal«
(J. Bader, 1843, Stahlstich)

»Grenzwächter-Museum«
bei Münchingen;
links Bannmarke mit Jahreszahl 1811,
vermutlich aber älter,
Boll – Tannegg – Münchingen;
rechts hinten drei Bannmarken von 1654
und früher für ein und denselben
Grenzpunkt zwischen Boll–Bonndorf
und Münchingen

Anhang

»Steckbrief« des Autors

Im Voralpenland aufgewachsen; nach Schulschluß häufig erst ein bis zwei Stunden später heimgekommen, weil unterwegs die Natur erforscht werden mußte . . .
Seit der Kindheit war es klar, daß nur ein biologischer Beruf in Frage kommen würde.
Abitur am Max-Planck-Gymnasium in Lahr. Studium (Biologie, Chemie, Sport) in Freiburg. Jetzt Lehrer am Markgräfler Gymnasium, Müllheim. »Leidenschaften«: Fotografieren, Skifahren (am liebsten im Tiefschnee), Shotokan-Karate, Reisen (viele Aufenthalte in der Camargue; Fernreisen nach Island, Afrika, Sri Lanka, Taiwan, Nepal, Bali, Ladakh usw.), nicht zu vergessen: die Familie (verheiratet, zwei Kinder).
Mitglied im B.U.N.D.

Fotohinweise

Kamera: Minolta 303 + XD 7.
Objektive: 28–300 mm + 400 mm Novoflex, Zwischenringe
Filmmaterial: Kodachrome 64, gelegentlich Ektachrome 400.

Alle Pflanzenaufnahmen am natürlichen Standort unter absoluter Schonung der Umgebung.

Tieraufnahmen sind zur Vermeidung von Schäden nur dem Fotografen anzuraten, der fundierte Kenntnisse über die Lebensweise des aufzunehmenden Objekts unter Berücksichtigung der ökologischen Gesamtsituation besitzt. In Ergänzung geltender staatlicher Gesetze und Verordnungen sind folgende Richtlinien für Tierfotografen zu beherzigen:
Keine Schädigung der einzelnen Lebewesen! Keine Beeinträchtigung der normalen Fortpflanzung! Tiere nicht veranlassen, ihr Wohn- oder Brutgebiet zu verlassen! Möglichst keine Veränderung der unmittelbaren Umgebung! Keine Standortangaben von seltenen Tieren und Pflanzen! Regeln der Höflichkeit gegenüber Grundstücksbesitzern beachten, d. h. Erlaubnis einholen . . . Möglichst überhaupt nicht dort fotografieren, wo Tiere und Pflanzen sehr selten geworden sind. Verstecke sollen keine Aufmerksamkeit erregen. Einige Vögel (Wanderfalke, Steinadler, Kranich, Rohrdommel usw.) überhaupt nicht am Nest fotografieren. Störanfälligkeit der Tiere vorher prüfen. Nicht bei ungünstiger Witterung wie Kälte, Regen oder Hitze fotografieren.

Bestes Fotolicht:

Ganz früh:

Blick vom Buchberg über die Schlucht
Blumenteppiche in Ewattingen und Hüfingen
Alpensicht

Vormittags:

Gutachbrücke
Museumsbähnle
Peter-Thumb-Kirche in Mundelfingen
Urgesteinsschlucht

Mittags:

Gauchachschlucht
Burgmühle oder Lochmühle
Kleinere Seitenschluchten
Märzenbecher in der Gauchach

Früher Nachmittag:

Lotenbachklamm
Josefsfelsen
Schurhammer-Hütte
Frauenschuh im bewachten Hüfinger Naturschutzgebiet
Flühen im Herbst

Später Nachmittag:

Rümmelesteg
Münzloch im Winter
Felsenweiher im Frühling und Herbst
Silberblatt nahe Gauchachmündung
Blick auf Eich- und Buchberg von Ewattingen
Alpensicht im Herbst

Abbildungsverzeichnis
Die Ziffern geben die Seitenzahlen an

Bibliographie

Bender, Knappe, Wilke: Burgen am südlichen Oberrhein, Freiburg, 1980.
Blotzheim, Glutz von: Handbuch der Vögel Mitteleuropas, Frankfurt/M. (Akadem. Verl.-Ges.).
Bonndorf – Stadt auf dem Schwarzwald, hrsg. Stadt Bonndorf, 1980.
Brinkmann: Abriß der Geologie, Stuttgart (Enke) 1977.
– Lehrbuch der allgemeinen Geologie, Stuttgart (Enke) 1977.
Danesh, E. u. O.: Orchideen, Bern und Stuttgart, 1975.
Graf, J., Dr.: Vogelstimmen in Natur und Kunst, München (Lehmanns Verlag) 1967.
Grzimeks Tierleben, München (dtv).
Hess, D., Botanische Wanderungen in der Umgebung von Freiburg, Freiburg i. Br. (Freiburger Heimatbücher-Verlag H. F. Schulz) 1961.
Hockenjos, Fritz (Hrsg.): Wanderführer durch die Wutach- und Gauchachschlucht, Freiburg (Rombach) 1967/73.
– Wutachbrevier (Schriftenreihe der Arbeitsgemeinschaft Heimatschutz Schwarzwald e.V.)
– Die Wutachschlucht, Konstanz (Rosgarten-Verlag) 1964.
Kosmos Naturführer: Was blüht denn da?, Welche Versteinerung ist das?, Was fliegt denn da?, Stuttgart (Frankh'sche Verlagshandlung).
Krumbiegel-Walter: Fossilien, Stuttgart (Enke).
Kuntzenmüller, A.: Die badischen Eisenbahnen, Karlsruhe (Braun) 1953.
Müller, U.: Die Wutachtalbahn – Strategische Umgehungsbahn Weizen–Immendingen, (Ferrovia).
Pletscher, S.: Der Kurort Bad Boll im oberen Wutachthal, Bonndorf (Binder) 1879.
– Die strategische Wutachthal-Randen-Donauthalbahn, Bonndorf (Binder Nf.) 1890.
Rasbach, K.: Orchideen in Deutschland.
Sauer/Schnetter: Die Wutach. Naturkundliche Monographie einer Flußlandschaft, Freiburg (i. A. des Bad. Landesvereins für Naturkunde und Naturschutz e.V.) 1971.
Schniepp, H.: Praxis für Naturfreunde: Versteinerungen, Stuttgart (Frankh'sche Verlagshandlung).
Schurhammer, H.: Naturschutzgebiet Wutach-Gauchachschlucht. Wissenschaftliches Gutachten, 1938.
Schuster, E.: Die Burgen und Schlösser Badens, 1908.
Weis u. Pragher: Die Alpenkette.

Quellennachweis

Diverse Zeitungsberichte, z. B. Artikel in der BZ vom 7. 8. 1980 über Bad Boll: »Krankenschicksale für neugierige Wanderer«.
Artikel in »draußen«. Hrsg. K. Blüchel.
Informationen aus »Natur und Umwelt« [Zeitschrift für Ökologie und Umweltpolitik des B.U.N.D.].
Topographische Karte, 1:35 000 (Ausgabe mit Wanderwegen): »Donaueschingen–Löffingen–Bonndorf–Blumberg«.
Karte des Schwarzwaldvereins RV 5011, 1:50 000, »Neustadt–Wutachschlucht«.
»Geologische Schulkarte« mit Erläuterungen vom Geologischen Landesamt Baden-Württemberg, Freiburg i. Br.
»Naturschutzrecht für Baden-Württemberg«.
Universitätsbibliothek Freiburg, Abt. Rara: Alte Stiche von T. M. Ring und J. Bader.
Mitteilungen der FF. Papierfabrik Neustadt, der Katholischen Pfarrämter Hüfingen und Ewattingen, von Manfred Hettich (VS).
Gespräche mit den Förstern Adler und Herrenknecht sowie mit Jagdaufseher Kessler.

Text der Hinweistafeln am Naturschutzgebiet »Wutachflühen«

Liebe Naturfreunde!
Sie betreten ein Gebiet von besonderer Eigenart und Schönheit. Es ist Lebensraum zahlreicher vom Aussterben bedrohter Pflanzen und Tiere. Um deren Bestand zu erhalten, verbietet die Naturschutzverordnung u. a.,

- in der Zeit vom 1. März bis 31. Juli die Wege auf der Talsohle zu verlassen, die Wutach mit Booten zu befahren,
- Pflanzen zu pflücken, zu beschädigen oder auszugraben,
- Tiere zu beunruhigen, zu fangen, zu töten oder ihre Brut- und Lebensstätten zu beschädigen,
- Bodenbestandteile, insbesondere Mineralien und Fossilien, freizulegen oder zu entfernen,
- zu zelten, zu lagern und Abfälle wegzuwerfen und
- Feuer anzumachen außerhalb eingerichteter und gekennzeichneter Feuerstellen.

Das Naturschutzgebiet bedarf auch Ihres Schutzes! Bitte nehmen Sie Rücksicht, damit keine Anzeige erfolgen muß.

Regierungspräsidium Freiburg

Naturschutzorganisationen

B.U.N.D. (Bund für Umwelt und Naturschutz Deutschland): Landesgeschäftsstelle Bad.-Württbg., Kirchstraße 2, 7800 Freiburg i. Br., Tel. 0761/74044

Bezirksstelle für Naturschutz und Landschaftspflege: Kartoffelmarkt 2, 7800 Freiburg i. Br., Tel. 0761/204–1

DBV (Deutscher Bund für Vogelschutz): Landesverband Bad.-Württbg., Rotebühlstraße 84/1, 7000 Stuttgart 1, Tel. 0711/610909

Titisee-Neustadt im Schwarzwald, 828 m, am Fuße des Hochfirst, 1192 m, und rings von Bergen umgeben. 1275 erstmals genannt, wohl von den Herzögen von Zähringen gegründet, später im Besitz der Grafen von Fürstenberg. Heute 1100 Einwohner; Wirtschafts- und Kulturmittelpunkt des Hochschwarzwalds. Luft- und Kneippkurort, Wintersportplatz. Ausgangspunkt für Wanderungen in Schwarzwald, Baar und Wutachschlucht. Jugendherberge. Ortsgruppe des Schwarzwaldvereins.

Rötenbach, 831 m, 1050 Einwohner, Teilort der Gemeinde Friedenweiler, liegt teils in der Talmunde des gleichnamigen Baches und dort im Buntsandstein, während der nach Osten den Hang hinaufsteigende Ortsteil bereits auf dem Unteren Muschelkalk der Baar liegt. Der Ortsname – im Jahr 819 erstmals als Rotinbah genannt – mag von dem intensiv rot gefärbten Geröll aus dem Buntsandstein hergeleitet sein. Reger Fremdenverkehr.

Lenzkirch, 808 m, 2700 Einwohner, wird – wie fast alle bedeutenderen Siedlungen im Schwarzwald – erstmals im 12. Jahrhundert genannt, war Hauptort der gleichnamigen Herrschaft (Ruine Urach an der Straße nach Titisee), die später an das Haus Fürstenberg kam. Im 17. und 18. Jahrhundert entwickelte sich der Ort zum Mittelpunkt der Schwarzwälder Uhrenindustrie und der »Trägergesellschaften«, die die Waren der Schwarzwälder Glashütten und die Erzeugnisse der Heimindustrie (Uhren, Strohflechtwaren, Löffeln, Schnitzereien, Spanschachteln) in ganz Europa bis London, Petersburg und Kiew vertrieben. Heute besitzt Lenzkirch zwar noch einige bedeutende feinmechanische Werke, hat sich aber auch zu einem beliebten heilklimatischen Kurort (medizinische Bäder) und Wintersportplatz entwickelt. Neuzeitliches Kur- und Saunabad. Schönes Strandbad.

Löffingen, 800 m, Städtchen auf der Hochfläche der Westbaar, 3100 Einwohner; eine der ältesten Siedlungen der Baar (römische und alemannische Funde), 819 erstmals urkundlich erwähnt, im Mittelalter bedeutender Kornmarkt, kam im 13. Jahrhundert an die Herrschaft Fürstenberg. Durch Stadtbrände mehrfach zerstört, zuletzt 1921, danach Ortskern im alten Stil (Staffelgiebel) wiederaufgebaut Realschule, Krankenhaus, beheiztes Waldbad, Wildpark, Heimatmuseum. Feinmechanische und elektronische Kleinindustrie, aufblühender Fremdenverkehr.

Löffingen-Göschweiler, 829 m, ein 457 Einwohner zählendes Bauerndorf, zu Löffingen gehörend, war schon zur Alemannenzeit besiedelt, wie zahlreiche Plattengräberfunde in verschiedenen Gewannen zeigen. Der Ort wird 850 urkundlich erstmals erwähnt; sein Schicksal war in der Folgezeit eng mit dem der Herren von Stallegg verbunden, die ihre Burg nahe beim Hofgut Stallegg hatten. – Der Turm der alten Dorfkirche stammt aus dem 10. Jahrhundert und ist das älteste erhaltene Bauwerk der Baar. Touristisches Angebot: Ferien auf dem Bauernhof.

Löffingen-Unadingen, 755 m, Teilort von Löffingen, 875 Einwohner. Am Abfall zur Gauchach das Gehöft Grünburg. Die spärlichen Reste der Grünburg, deren Herren Schutzvögte des Klosters St. Gallen über dessen Besitzungen Döggingen und Mundelfingen waren, liegen in der Nähe. Attraktiv zeigt sich der Ort als »Geraniendorf« einerseits, andererseits durch die Möglichkeit, Ferien auf dem Bauernhof machen zu können. Wanderwege entlang der Gauchach und Mauchach.

Löffingen-Bachheim, 730 m, Teilort von Löffingen, 391 Einwohner, im Tal des Tränkebachs gelegen, wird als Pachheim 838 erstmals erwähnt und war eng mit dem Schicksal der Herrschaft Neuenburg verbunden. Reste der Burg finden sich bei dem gleichnamigen Weiler am Rande der Gauchachschlucht. Bachheim ist einer der günstigsten Ausgangspunkte für Wutach- und Gauchachwanderungen.

Löffingen-Reiselfingen, 778 m, mit 539 Einwohnern, Teilort von Löffingen, ist seit langem besiedelt, worauf zahlreiche alemannische Plattengräberfunde hinweisen. Die hier vorwiegend anstehenden fruchtbaren und tiefgründigen Keuper-Böden sind Grundlage einer ertragreichen Landwirtschaft. Die breite Terasse, auf der die untersten Häuser des Ortes liegen, weist zerstreute Flußgerölle als Zeugen des alten Laufes der eiszeitlichen Feldberg-Donau auf; in mächtigen Felswänden (»Rappenfelsen«) bricht sie teils zur 120 m tief eingegrabenen Wutach ab. – Auf der Terasse süd-östlich des Dorfes liegt ein Segelfluggelände.

Kappel, 800–1100 m, Luftkurort im Hochschwarzwald. Kaum mehr als einen Katzensprung von der Autobahn, jedoch völlig unberührt von der Hektik des Verkehrs, findet der Besucher rasch und bequem in diese paradiesische Landschaft. Von hohen Gipfeln reicht der Blick durch die klare Luft bis zum ewigen Schnee der Zentralalpen. Kappel-Gutachbrücke, 786 m, ehemaliger Bahnhof. Von dort geht die Landstraße talabwärts unter der Höllentalbahn hindurch, die hier die Straße und den nun schon tief eingegrabenen, schäumenden Fluß auf der Gutachbrücke – eine der größten Steinbrücken Deutschlands mit 64 m Spannweite und 34 m Höhe – überquert. Mit Wanderwegen zur Wutachschlucht und Haslachklamm beginnt das Naturschutzgebiet.

Bonndorf (Schwarzwald), 845 m, Landstädtchen mit 3488 Einwohnern, einst Mittelpunkt der reichsunmittelbaren Grafschaft gleichen Namens, in geschützter, sonniger Südlage im Talschluß des Mehrenbachs; Alpensicht von Vorarlberg bis zum Mont Blanc. Das Ortsbild hat sich durch drei Großbrände im vorigen Jahrhundert wesentlich verändert. Schloß der Grafen von Mörsperg vom Ende des 16. Jahrhunderts, später sanktblasianischer Amtssitz. Im Schloß Kreismuseum mit Ausstellungen und Konzerten. Krankenhaus, Schwimmbad, Festhalle. Störungsfreie Industrie, wachsender Fremdenverkehr. – Ausgangspunkt für Wanderungen durch die Wutachschlucht. – Ortsgruppe des Schwarzwaldvereins.

Bonndorf-Boll, 759 m, liegt auf dem gegenüber dem Bonndorfer Plateau um etwa 75 m abgesunkenen Oberen Muschelkalk. Das 130 Einwohner zählende Dorf, heute zur Stadtgemeinde Bonndorf gehörig, wird zwar als Beele erst 1275 erstmals erwähnt, die Funde alemannischer Reihengräber zeugen aber von weit früherer Besiedlung. In der Nähe, am Rand der Wutachschlucht, die Ruinen der Burg der Herren von Tannegg.

Bonndorf-Gündelwangen, 831 m, mit 461 Einwohnern zur Gemeinde Bonndorf gehörend, liegt im Buntsandsteingebiet und zeigt die für den Schwarzwald typische Siedlungsform: weit verstreut liegen die Höfe und Weiler an der nach Norden geneigten Südflanke des »Bonndorfer Grabens«. Die Besiedlung setzte auf den hier vorhandenen ärmeren und sauren Böden offenbar später ein als in der östlich benachbarten fruchtbaren Muschelkalklandschaft. Der Ort wird als Gundelvank 1157 erstmals genannt und umfaßte damals zwei Edelhöfe. Reger Fremdenverkehr.

Bonndorf-Holzschlag, 815 m, 142 Einwohner, Teilort der Gemeinde Bonndorf, ganz im Buntsandstein- und Grundgebirgsgebiet und damit im natürlichen Waldland gelegen, ist eine junge, von Holzhauern geschaffene Rodungssiedlung, 1684 erstmals erwähnt. Auch heute leben die wenigen Bewohner vornehmlich von der Waldarbeit, neuerdings auch vom Fremdenverkehr.

Hüfingen-Mundelfingen, 735 m, Teilort von Hüfingen, 670 Einwohner, ist ein stattliches Dorf mit sehenswerter Kirche (einem der letzten Werke des bekannten Vorarlberger Barockmeisters Peter Thumb) und wie alle Baardörfer schon seit langem besiedelt, wie vorgeschichtliche Funde und die frühe urkundliche Erwähnung (Munolfingas, 802) zeigen. Das Dorf liegt mit seiner Mitte über dem rechten Ufer des Aubachs. Schöne Zugänge zu Wutach und Gauchach.

Wutach-Münchingen, 813 m. Das kleine Bauerndorf, mit 243 Einwohnern zur Gemeinde Wutach gehörig, wird 1110 erstmals urkundlich erwähnt und besaß lange Zeit einen eigenen Ortsadel, der auf dem etwa 1 km nördlich des Ortes gelegenen Güggelsberg saß. Das Dorf liegt in der breiten Talmulde des Gänsbaches, der weiter unterhalb in den klüftigen Kalken (Oberer Muschelkalk) versickert.

Wutach-Ewattingen, 731 m, zur Gemeinde Wutach gehörig, mit 754 Einwohnern, besitzt eine schöne alte Kirche (Turm mit Treppengiebel), ein stattliches neues Rathaus und ein Hallenbad. Zunehmender Fremdenverkehr. Das Dorf war lange Jahrhunderte hindurch Verwaltungsmittelpunkt der Herrschaft, seit 1418 des sanktblasianischen Amts Blumegg. Das stattliche Amtshaus mit großem ummauerten Garten liegt zwischen dem Gasthaus »Hirschen« und dem Rathaus. Schon 797 wird eine Kirche in »Etibetiga« erwähnt. Das Schloß der Edlen »vom Bach« oder von Ewattingen stand auf dem Hörnle über der Wutach und wurde 1370 von den Schaffhausenern zerstört. Im Bauernkrieg 1525 war der Ort ein wichtiger Versammlungsplatz.

Blumberg, 704 m, das 1390 Stadtrechte erhielt, war im Hoch- und Spätmittelalter Sitz eines weit verzweigten und mächtigen Edelgeschlechtes, dessen Schloß 1645 zerstört wurde, später fürstenbergischer Amtssitz. Die in den letzten beiden Jahrzehnten entstandene neue Stadt, die im wesentlichen aus Ein- und Zweifamilienhäusern besteht, zieht sich am Fuße des Buchbergs bis halbwegs Zollhaus hin. Heute zählt Blumberg, obwohl die meisten Bergleute wieder zur Saar und an die Ruhr abgewandert sind, 6200 Einwohner. – Ortsgruppe des Schwarzwaldvereins. Museumsbahn, Drachenfliegen, kleiner Flugplatz.

Blumberg-Fützen, 586 m, mit 700 Einwohnern ein stattliches Dorf und Teilort vom Blumberg, einst Station an der jetzt stillgelegten »Strategischen Bahn« Immendingen – Waldshut, liegt in der Talmulde des Mühlbachs (oder Kommenbachs) und war, wie Gräberfunde bezeugen, schon zur Alemannenzeit besiedelt. Römische Gefäßfunde deuten darauf hin, daß hier einst die Straße von Windisch (Vindonissa) über Hüfingen (Brigobanne) nach Rottweil (Arae Flaviae) und zum Limes zog. Moderner, holzgeschnitzter Fasnachtsbrunnen.

Blumberg-Achdorf, 540 m, Mittelpunkt der Talgemeinde, zu denen auch Eschbach und Opferdingen in dem hier von Norden einmündenden Krottenbachtal gehören (500 Einwohner). Achdorf mit Überachen, Aselfingen, Eschbach und Opferdingen ist heute Ortsteil von Blumberg. Achdorf war J. V. v. Scheffels »Ausruhnest« und ist Schauplatz seiner historischen Erzählung »Juniperus«; Erinnerungen an den Dichter finden sich im Gasthaus »Zur Scheffellinde«; die mächtige Linde mußte 1972 wegen Kernfäule gefällt werden. In den Staffelgiebel sind große Ammoniten eingemauert, die andeuten mögen, daß wir uns im »Paradies der Geologen und Paläontologen« befinden.

Stühlingen, 456 m, Stadt mit 1900 Einwohnern, Grenzübergangsstelle, schon zur Kelten- und Römerzeit besiedelt und alter Kreuzpunkt der Wege vom Schwarzwald zum Bodensee und in die Schweiz, liegt teils im Tal (Bahnhof, Dorf), teils am Berghang (Städtchen), vom Franziskanerkloster und dem Schloß Hohenlupfen mit seinem kräftigen Turm überragt, war Mittelpunkt der Grafschaft des Albgaues (bis 1582 Herren von Lupfen, dann Erbmarschälle von Pappenheim, seit Mitte des 17. Jahrhunderts fürstenbergischer Besitz) und Ausgangspunkt des Bauernkrieges 1524/25. Schloß und die bemerkenswerte klassizistische katholische Pfarrkirche in Stühlingen. – Neue Jugendherberge. – Ortsgruppe des Schwarzwaldvereins.

Stühlingen-Blumegg, 667 m, mit 220 Einwohnern heute zu Stühlingen gehörend, einst Sitz eines in der Gegend reich begüterten Edelgeschlechts (Herrschaft Blumegg), liegt hoch über den Felswänden der Wutachflühen. Auf der Gemarkung, deren Böden vorwiegend vom Oberen Muschelkalk, zum Teil auch vom Unteren Keuper gebildet werden, finden sich eine Reihe größerer Dolinen, so am Westausgang des Dorfes und hinter dem Hochbehälter am Nordausgang, wo man auch auf die schöne alte Zehntscheuer achte, die später als Schafstall 700 Schafen Obdach bot.

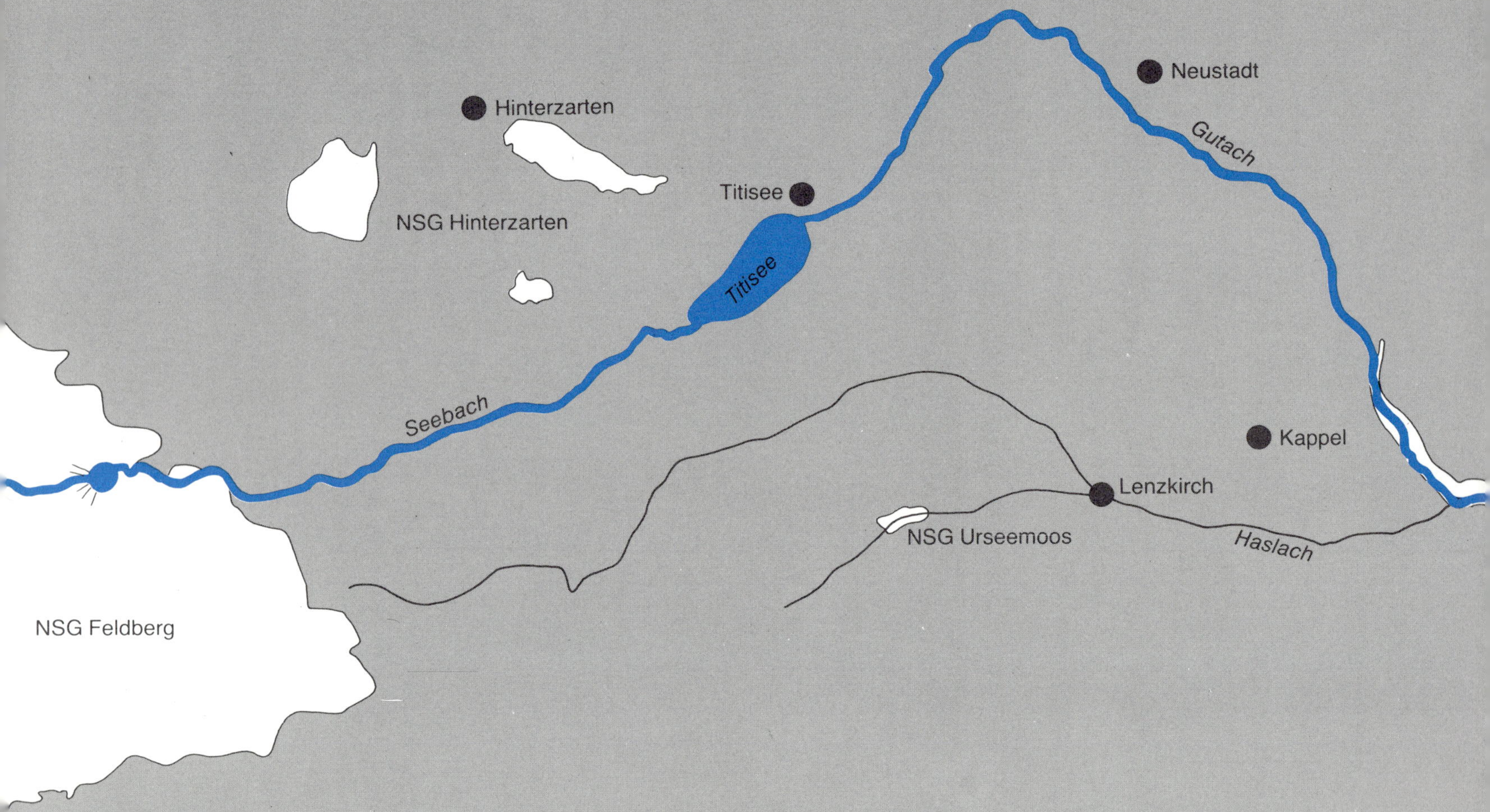

Die Wutachregion mit ihren Naturschutzgebieten (NSG)